职业教育改革创新示范教材

Qiche Weixiu Fuwu Jiedai Shixun Jiaocheng
# 汽车维修服务接待实训教程

张琳琳　主　编
周丽燕　副主编

人民交通出版社

## 内 容 提 要

本书是职业教育改革创新示范教材之一,其主要内容包括:预约保养及维修、客户到达与接待、故障诊断服务、维修项目解释及派工、维修服务及完工检查、维修交付及引导客户离店、电话回访、处理抱怨和投诉。

本书可作为职业院校汽车运用与维修专业、汽车整车与配件营销专业的教材,也可供相关企业技术人员参考阅读。

**图书在版编目(CIP)数据**

汽车维修服务接待实训教程/张琳琳主编. — 北京:人民交通出版社,2014.4
ISBN 978-7-114-11205-8

Ⅰ. ①汽… Ⅱ. ①张… Ⅲ. ①汽车-车辆修理-商业服务-中等专业学校-教材 Ⅳ. ①U472.4

中国版本图书馆 CIP 数据核字(2014)第 032336 号

职业教育改革创新示范教材

| | |
|---|---|
| 书　　名: | **汽车维修服务接待实训教程** |
| 著 作 者: | 张琳琳 |
| 责任编辑: | 曹延鹏 |
| 出版发行: | 人民交通出版社 |
| 地　　址: | (100011)北京市朝阳区安定门外外馆斜街 3 号 |
| 网　　址: | http://www.ccpress.com.cn |
| 销售电话: | (010)59757973 |
| 总 经 销: | 人民交通出版社发行部 |
| 经　　销: | 各地新华书店 |
| 印　　刷: | 北京市密东印刷有限公司 |
| 开　　本: | 787×1092　1/16 |
| 印　　张: | 9.75 |
| 字　　数: | 152 千 |
| 版　　次: | 2014 年 4 月　第 1 版 |
| 印　　次: | 2019 年 11 月　第 4 次印刷 |
| 书　　号: | ISBN 978-7-114-11205-8 |
| 定　　价: | 24.00 元 |

(有印刷、装订质量问题的图书由本社负责调换)

# 职业教育改革创新示范教材
# （汽车运用与维修专业）编委会

（排名不分先后）

**主　　任：** 刘建平（广州市交通运输职业学校）
　　　　　杨丽萍（深圳市第二职业技术学校）

**副 主 任：** 黄关山（珠海理工职业技术学校）　周志伟（深圳市宝安职业技术学校）
　　　　　邱今胜（深圳市龙岗职业技术学校）　朱小东（中山市沙溪理工学校）
　　　　　侯文胜（佛山市顺德区中等专业学校）韩彦明（佛山市华材职业技术学校）
　　　　　庞柳军（广州市交通运输职业学校）　程和勋（中山市中等专业学校）
　　　　　冯　津（广州合赢教学设备有限公司）邱先贵（广东文舟图书发行有限公司）

**委　　员：** 谢伟钢、孟　婕、曾　艳（深圳市龙岗职业技术学校）
　　　　　李博成（深圳市宝安职业技术学校）
　　　　　罗雷鸣、陈根元、马　征（惠州工业科技学校）
　　　　　邱勇胜、何向东（清远市职业技术学校）
　　　　　刘武英、陈德磊、阮威雄、江　珠（阳江市第一职业技术学校）
　　　　　苏小举（珠海理工职业技术学校）
　　　　　陈凡主（中山市沙溪理工学校）
　　　　　刘小兵（广东省轻工高级职业技术学校）
　　　　　许志丹、谭智男、陈东海、任　丽（佛山市华材职业技术学校）
　　　　　孙永江、李爱民（珠海市斗门区第三中等职业学校）
　　　　　欧阳可良、马　涛（佛山市顺德区中等专业学校）
　　　　　周德新、张水珍（河源理工学校）
　　　　　谢立梁（广州市番禺工贸职业技术学校）
　　　　　范海飞、闫　勇（广东省普宁职业技术学校）
　　　　　温巧玉（广州市白云行知职业技术学校）
　　　　　李维东、冯永亮、巫益平（佛山市顺德区郑敬怡职业技术学校）
　　　　　王远明、郑新强（东莞理工学校）
　　　　　程树青（惠州商业学校）
　　　　　高灵聪（广州市信息工程职业学校）
　　　　　黄宇林、邓津海（广东省理工职业技术学校）
　　　　　张江生（湛江机电学校）
　　　　　任家扬（中山市中等专业学校）
　　　　　邹胜聪（深圳市第二职业技术学校）

**丛书总主审：** 朱　军

# 前言 QIANYAN

《国家中长期教育改革和发展规划纲要(2010—2020年)》中提出:大力发展职业教育,把职业教育纳入经济社会发展和产业发展规划,把提高质量作为重点;以服务为宗旨,以就业为导向,推进教育教学改革。实行工学结合、校企合作、顶岗实习的人才培养模式;满足人民群众接受职业教育的需求,满足经济社会对高素质劳动者和技能型人才的需要。

职业教育的发展已作为国家当前教育发展的战略重点之一,但目前学校所使用的教材普遍存在以下几个方面的问题:

(1)学生反映难理解,教师反映不好教;

(2)企业反映脱离实际,与他们的需求距离很大;

(3)不适应新一轮教学改革的需要,汽车车身修复、汽车商务、汽车美容与装潢等专业教材急缺;

(4)立体化程度不够,教学资源质量不高,教学方式相对落后。

针对以上问题,结合人民交通出版社汽车类专业教材的出版优势,我们开发了《职业教育改革创新示范教材》。本套教材以"积极探索教学改革思路,充分考虑区域性特点,提升学生职业素质"的指导思想,采用职教专家、行业一线专家、学校教师、出版社编辑"四结合"的编写模式。教材内容的特点是:准确体现职业教育特点(以工作岗位所需的知识和技能为出发点);理论内容"必需、够用";实训内容贴合工作一线实际;选图讲究,易懂易学。

汽车维修服务接待和客服岗位是4S店和客户做售后沟通的主要桥梁,对企业而言,该岗位非常重要。中职学校毕业的学生进入4S店后,很多是从这两个岗位做起。为了让学生能够更快地适应企业岗位要求,在学校学习过程中增加相关实训极其必要。

本书由广州市交通运输职业学校张琳琳担任主编,周丽燕担任副主编,参与编写的还有段群、梁亮和李莹。其中张琳琳编写绪论、单元一和单元七,周丽燕编写单元三和单元四,段群编写单元五和单元六,李莹编写单元二,梁亮编写单元八。

  本书的编写还得到了广州市交通运输职业学校东风雪铁龙校企合作项目和奥迪校企合作项目的大力支持,在此一并感谢!

  限于编者的水平,书中难免有不妥或错误之处,敬请广大读者批评指正,提出修改意见和建议,以便再版时修订。

编者

2014 年 2 月

# CONTENTS

绪论

单元一　预约保养及维修

　　任务一　电话预约保养 …………………………………………… 5
　　任务二　推广预约保养 …………………………………………… 16

单元二　客户到达与接待

　　任务一　接待准备 ………………………………………………… 26
　　任务二　客户到达接待 …………………………………………… 31

单元三　故障诊断服务

　　任务一　环车检查 ………………………………………………… 41
　　任务二　故障检查与诊断 ………………………………………… 53

单元四　维修项目解释及派工

　　任务一　维修项目解释 …………………………………………… 64
　　任务二　派工 ……………………………………………………… 74

单元五　维修服务及完工检查

　　任务一　维修服务 ………………………………………………… 83
　　任务二　维修质量检查 …………………………………………… 90

单元六　维修交付及引导客户离店

　　任务一　验车结算 ………………………………………………… 100

任务二　交车送客 ··········································· 108

## 单元七　电话回访

　　　任务一　七日电话回访 ····································· 117
　　　任务二　流失客户电话回访 ································ 124

## 单元八　处理抱怨和投诉

　　　任务一　处理客户抱怨 ····································· 133
　　　任务二　处理客户投诉 ····································· 138

## 参考文献

# 绪论

随着汽车市场的竞争日趋激烈,客户对汽车售后服务的要求也越来越高。目前各大品牌4S店都开始强化自己的服务,希望自始至终给予客户最优质的服务,以满足客户不断提高的期望,提升客户的满意度以及对品牌和4S店的忠诚度。

细节决定成败,售后服务工作要求工作人员注重服务过程中的每一细节,只有每一过程、每一细节都落实到位,才能有获得客户满意的良好基础。在售后服务过程中,服务顾问代表4S店甚至品牌,是唯一陪同客户完成整个维修过程的人(图0-1),服务顾问的服务质量直接影响了客户的满意程度。因此服务顾问必须不断提高自己的素质,强化和提升自己的业务能力,以便为客户提供超越客户期待的服务。

另外,标准化服务的运用也非常有必要,客户希望在任何一家4S店都能享受到一样的服务,这就必须强调标准化的服务流程,在保证服务质量的同时也能有效地提升客户的满意程度。

> **学习目标**
>
> 1. 了解服务顾问的岗位职责;
> 2. 掌握服务流程;
> 3. 掌握为客户提供满意服务的方法。

绪　论

图 0-1　服务顾问的重要性

## 一、学习准备

1. 服务顾问的岗位职责是什么？
_____
_____
_____

2. 服务顾问对 4S 店和客户有什么重要性？
_____
_____
_____

3. 服务顾问应该掌握哪些知识？应具备什么样的素质？
_____

4.客户对汽车维修/保养过程有什么期望?

## ● 服务流程(图0-2)

图0-2 汽车维修接待流程

单元一　预约保养及维修

# 单元一
## 预约保养及维修

**学习目标**

1. 能够完成电话主动或被动预约保养或维修；
2. 能够完成变更预约服务；
3. 掌握推广预约的技巧。

　　在维修保养的高峰期,很多客户遇到过要在4S店长时间等候的情况,这时客户很容易产生不满情绪。为了避免这种情况,很多4S店开始推广预约服务。预约服务是汽车维修服务企业用于提高市场份额、维护客户稳定性、提升客户满意度的重要手段。对于业务量相对较大的企业,有效利用与推广预约服务,不但能够起到平衡工作量的作用,还可以有效降低企业的人力成本,提高运营效率,节约管理成本。对于业务量相对不太大的企业,逐步培养客户的预约习惯,锻炼员工对预约服务的管理与策划能力,合理安排人员和时间,也是十分必要的。

　　预约可以分为主动预约和被动预约两种。主动预约是指由4S店的客服人员根据车辆维修保养记录直接致电客户,询问车辆的使用状况,了解客户是否需要进行保养,为其制订保养计划,根据客户的意愿为客户进行预约,同时根据车间的维修量和人员情况进行合理的安排。被动预约是指由客户主动拨打4S店的预约电话,客服人员从中了解客户的维修保养要求,根据车辆维修保养记录和客户描述,为客户预约维修保养时间,并做好工具、人员和工位安排,使客户一进店就可以马上享受到维修保养服务(图1-1)。

图1-1 客户对预约的期望

维修预约可以同时给客户和4S店双方带来好处。对于客户而言,可以用"省事、省时、省心"来描述。省事,即客户可以根据自己的情况灵活安排车辆的维护、维修,方便快捷,完全可以通过电话实现;省时,即客户的车辆到店就可以马上得到服务,减少了等候时间;省心,即通过预约,4S店可以合理地安排人员为客户进行检查和维修,确保时间充裕,保证维修质量。对于4S店而言,可以使工作由被动变为主动,在工具、人员、配件、工位等方面做到有条不紊,提高工作效率和资源利用率;另外也有利于平均分配每天的工作量,以接待更多的客户,提升客户满意度。

## 任务一 电话预约保养

【情景1】 国庆长假前的一天上午,周女士给某4S店打了个预约保养的电话,预约第二天上午进店保养。4S店的服务顾问看了时间安排,询问周女士上午九点半是否可以到店保养,周女士说没问题。服务顾问按照时间安排好维修班组,约定周女士第二天来店保养。第二天上午九点,服务顾问打电话给周女士询问是否会按时到店,周女士说会按时到达。九点半,周女士来到4S店,已经在等候的服务顾问小吴迎上来接待了周女士,然后将车辆开进车间,进行5 000km常规保养。半个多小时后,做完了保养的周女士满意地驾车离开了4S店。

【情景2】 国庆前夕,李先生为了放假时能够放心外出,决定把车开去4S店保养。上午十点半,李先生到达了某 4S 店,发现维修接待区还有 10 多辆车在等待,经过一个多小时的等候,终于轮到李先生。等待期间李先生想去休息室上网,却没有空位,只好在店内随意走走,看了一个小时的报纸,中午在 4S 店吃了快餐。间隔 5 000km 的例行保养往往需要长时间排队等待,这让李先生每次都觉得心烦。后来在服务顾问的建议下,他决定以后来保养前也要先向 4S 店进行电话预约。

【情景3】 郑先生的新车车头被蹭掉了一大块漆。周六早上,郑先生将爱车开到 4S 店,准备为车头补漆。没想到,4S 店外早停了十几辆等着维修和保养的车辆,排队至少要等上一个小时。最让他不能接受的是,一位比他晚到半个小时的车主,竟然一到 4S 店就被优先接待了。于是郑先生向前台主管投诉有人插队,可是前台主管向他解释说这是一辆有预约维修的车,所以在接待上有优先权,不需要排队。

随着汽车保有量的增加,每家 4S 店的售后维修都面临着不小的压力,一些 4S 店的日均接车量在 100 辆以上,而且客户到店的时间分布不均匀,一般上午客户多,周末客户多,而其他时间的客户相对少一些,这就给店内的人员和工位安排带来了压力,同时客户在等候时也非常容易产生不满情绪。而通过电话或网络预约,客户可以获取准确的服务信息,便于根据自己的需要合理安排时间,减少排队等候,所以目前预约服务已经成为各 4S 店大力推广的业务。很多 4S 店把预约率列入客服的考核内容。

## 一、任务描述

图 1-2 拨打/接听预约电话

【主动预约】 某 4S 店的客服人员小林通过店内系统查询,发现客户王先生于 3 个月来店为自己的汽车做过保养,至今预计已经行驶了 5 000km,于是打电话给王先生,提醒王先生于近期来店保养(图 1-2)。王先生预约周六进店保养。

【被动预约】 刘女士为了出游安全,决定提前去 4S 店检查一下车辆状况,于是给某 4S 店打了个预约保养的电话,预约第二天上午进店保养。

## 学习准备

1. 基本素质要求。

4S 店的客服人员应该具备哪些基本素质？

_____
_____
_____

2. 知识准备。

4S 店的客服人员应该掌握哪些知识？

_____
_____
_____

3. 话术准备。

1）你在礼仪课上都学习了哪些电话礼仪？

_____
_____
_____
_____

2）接听电话时应注意哪些问题？

_____
_____
_____

3）拨打电话时应注意哪些问题？

_____
_____

4. 工具、表单准备。

预约登记表、工单、预约排班表、车顶标示牌、预约欢迎看板、电话、预检单、三件套（地板垫、座椅套、转向盘套）。

## 三 实训流程图（图1-3）

图1-3　汽车维修接待预约流程

## 四 实训步骤

1. 预约招揽。

预约招揽是指通过短信、电话、网络、信件、广告等方式,向客户宣传预约维修保养的好处,鼓励客户在维修保养之前进行预约,提高4S店的预约率,使企业的工作更加高效。

短信预约示例如下。

定期保养提醒:尊敬的粤A×××××车主,您的爱车于×月×日在我店进行了常规保养,行驶里程_____km,本次保养里程为_____km,请您于该里程之前到店保养。预约电话×××××,期待您的来电。××4S店温馨提醒,谢谢。

你还能想到哪些预约招揽的方法?

_____
_____
_____
_____

2. 电话预约。

电话预约是预约招揽中最重要的一种方式。

1)拨打预约电话。

怎样确定拨打预约电话的时间?

_____
_____
_____
_____

2)接听预约电话。

接听电话时应该怎样跟客户打招呼?

_____
_____
_____

单元一　预约保养及维修

| 拨打预约电话话术 | 问　题 |
|---|---|
| 小林：您好，我是××4S店的客服专员小林，请问您是粤A×××××的车主王先生吗？不好意思，打扰您几分钟时间，请问您现在方便接听电话吗？<br><br>王先生：是的，你请讲。<br><br>小林：感谢您对我们工作的支持。根据我们的资料显示，您的爱车于三个月前在我店做了定期保养，里程为52 847km。我们的车辆保养周期为3个月或5 000km，先到为准，请问王先生您的汽车现在里程是多少？<br><br>王先生：我想一下，大概是58 000km吧。<br><br>小林：好的，王先生，您的爱车应该于60 000km里程前来店保养，现在我代表公司邀请您按期来店保养，我公司现在已经开通了预约保养服务，提前预约可以享受优先服务等。请问您是否需要预约？<br><br>王先生：好的。<br><br>小林：王先生，请问您什么时间方便？<br><br>王先生：我看一下日历，这个周六下午有时间，可以安排吗？<br><br>小林：好的，先生，周六下午两点可以吗？<br><br>王先生：可以。<br><br>小林：好的，王先生，现在我帮您登记，谢谢您接听我们的电话，我就不打扰您了，以后车子有任何问题都可以拨打这个电话。祝您用车愉快，再见！ | 1. 客户接到电话后说："我在开会，没时间。"客服人员应该如何回应？<br><br><br>2. 客户说："我已经在其他店里做过保养了。"客服人员应该如何应对？<br><br><br>3. 如果客户预约的时段店内比较繁忙，无法安排预约，客服人员应该怎样跟客户说？ |
| 接听预约电话话术 | 问　题 |
| 小林：您好，这里是××4S店，我是客服专员小林，请问有什么可以帮您？<br><br>周女士：您好！我想预约保养。 | 1. 如果电话响时没有及时接听电话，客服人员在接通后应如何跟客户解释？ |

小林:好的,请问女士您怎么称呼?

周女士:我姓周。

小林:周女士,请问您的车牌号码是多少?

周女士:粤A×××××。

小林:周女士,请问现在的行驶里程大概是多少?希望预约在什么时间?

周女士:里程大概是18 000km,我希望预约周六上午十点钟。

小林:周女士,那我先帮您看一下这个时间段是否已经约满。

周女士:好的。

小林:周女士,可以预约。现在我帮您登记一下预约资料好吗?

周女士:需要登记什么?

小林:请问送修人是周女士您本人吗?

周女士:是的。

小林:好的,周女士。跟您确认一下资料,您的车牌号是粤A×××××,预约保养,里程数是18 000km,是吗?

周女士:是的。

小林:周女士,我已经帮您登记好了。还有什么可以帮您吗?

周女士:没有了,谢谢!

小林:不客气,周女士。本次保养的时间大概是一个小时,您看可以吗?

周女士:没问题。

小林:很高兴能为您服务,周女士,谢谢您的来电,祝您用车愉快,再见!

周女士:再见!

2.如果客户预约的时间客人较多,可能要等候较长时间,或者要更改时间,客服人员应如何跟客户解释?

3.在接听电话过程中,应该保持什么样的姿态和心态?

3）预约确认。

预约前一天需要按照预约登记表（表1-1）与客户确认预约状况，可以通过发送短信或打电话的方式与客户确认，不能按时到店的要在预约登记表上标明原因。

预约短信内容示例如下。

预 约 登 记 表　　　　　　　　　　　　　　　　　表1-1

| 以下由预约人员填写 | | | | | |
|---|---|---|---|---|---|
| 预约登记日期： | | 预约维修时间： | | | |
| 客户姓名 | | 车牌号 | | 车型 | |
| 联系电话 | | 行驶里程 | | 预约服务专员 | |
| 客户描述： | | | | | |
| 预约维修内容 | | 工时费用 | 所需备件 | 价格 | 备件状况 |
| | | | | | |
| | | | | | |
| | | | | | |
| 与客户提前一天确认预约 | | 是　　否 | 新预约时间： | | |
| 预约所需备件是否已准备 | | 是　　否 | | | |
| 预约时间是否改变 | | 是　　否 | | | |
| 以下由预定服务专员填写： | | | | | |
| 预约所需维修技工是否已安排 | | 是　　否 | 新预约时间： | | |
| 预约所需备件是否已准备 | | 是　　否 | | | |
| 与客户提前一小时确认预约 | | 是　　否 | | | |
| 填写预约欢迎板 | | 是　　否 | | | |
| 预约时间是否改变 | | 是　　否 | | | |
| 取消预约原因： | | | | | |

温馨提示：尊敬的车主，您好！您已预约明天××时间来本店做××公里的保养，维修时间约为××分钟，费用约为××元，我们恭候您的来临。如能准时来店请

短信回复"确认",谢谢! ××特约店。

> **思考**
>
> 发送短信后如果客户无回复,客服人员应该怎么处理?

4)完成预约后的准备:

每天下班后,预约专员或客服人员要与维修前台相关人员做好预约交接记录,然后由前台将第二天预约客户名单整理好,写在预约欢迎板上,并做好如下工作。

(1)每天早会时间说明当天的预约车辆数;

(2)为预约车辆安排服务顾问及计划对应的维修班组;

(3)为预约车辆安排维修项目所需的工具和零件等;

(4)出迎组准备好预约告示牌,以便在预约车辆到达后放在车顶或仪表台;

(5)填写预约管理看板(图1-4),完成相关单据的准备工作。

5)预约执行:

在客户到达前的半个小时,由相应的服务顾问致电客户,确认客户是否能够按时到达,并做好出迎准备,同时在表1-2、表1-3中做好记录。

前台预约记录交接表　　　　　　　　　　　　　　　表1-2

日期:　　　　　　　　　　　　　　　　　记录员:

| 来电时间 | | | | |
|---|---|---|---|---|
| 来电号码 | | | | |
| 预约客户姓名 | | | | |
| 车牌号/底盘号 | | | | |
| 预约内容 | | | | |
| 预约时间 | | | | |
| 是否准时来店 | | | | |
| 调整时间 | | | | |
| 服务顾问 | | | | |
| 车间调度确认 | | | | |
| 作业班组 | | | | |

单元一　预约保养及维修

表1-3　预约客户未来店跟踪表

| 序号 | 客户姓名 | 车牌号 | 联系电话 | 本次预约目的 | 未到店原因 |
|---|---|---|---|---|---|
| 1 | | | | | |
| 2 | | | | | |
| 3 | | | | | |
| 4 | | | | | |
| 5 | | | | | |
| 6 | | | | | |
| 7 | | | | | |
| 8 | | | | | |
| 9 | | | | | |
| 10 | | | | | |
| 11 | | | | | |
| 12 | | | | | |
| 13 | | | | | |
| 14 | | | | | |

| 时间 | 8:00 | 9:00 | 10:00 | 11:00 | 12:00 | 13:00 | 14:00 | 15:00 | 16:00 | 17:00 | 18:00 | 19:00 | 20:00 |
|---|---|---|---|---|---|---|---|---|---|---|---|---|---|
| 服务顾问 A | | 顾客姓名：<br>车牌号：<br>预约时间：<br>维修内容：<br>预约工位： | | | | | | | | | | | |
| 服务顾问 B | | | | 顾客姓名：<br>车牌号：<br>预约时间：<br>维修内容：<br>预约工位： | | | | | | | | | |
| 服务顾问 C | | | 顾客姓名：<br>车牌号：<br>预约时间：<br>维修内容：<br>预约工位： | | | | | | | | | | |
| 服务顾问 D | | | | | | | | | | | | | |

磁性贴板  顾客姓名：<br>车牌号：<br>预约时间：<br>维修内容：<br>预约工位：

小磁块  ● 已到店  ■ 延时到店

图1-4 预约管理看板

单元一　预约保养及维修

## 任务二　推广预约保养

【情景1】　某天上午,很多××4S店的客户都收到了这样一条短信:"各位车主,为了保证服务质量,从今日起,本店每个服务顾问每天只接待10辆车。如需保养,敬请预约。预约电话:020-××××××××。多谢合作!"

【情景2】　车主赵先生预约了周日上午十点钟到店保养,但是到店时却发现已经有多辆汽车在排队,赵先生说自己预约了,但是由于等候的车辆较多,队伍排得很长,王先生的车辆无法直接进入车间,导致王先生等了半个多小时才排到前面。王先生反馈说预约不预约都要排队,为什么还要预约呢?

某4S店的售后经理这样说:"××4S店的预约率目前已经达到了70%,而我们则只有30%,这让我们的工作变得很被动。我们并不希望售后服务部看上去门庭若市,我们更希望每辆车都能通过预约有条不紊地到店保养维修。如果能将预约率提升到60%以上,店内的维修工作就会有序很多。这才是我们期待的理想状态。"

如何引导客户进行预约维修保养,这成了很多品牌和很多4S店难以突破的问题。如果能够提升预约率,不仅能给4S店减轻压力,也会给消费者带来实惠。

## ● 任务描述

【预约推广】　目前各4S店几乎都推行了预约维修服务(图1-5),还通过"工时费打折"等手段推行,但效果并不明显。一些4S店的预约率始终无法突破40%,请为你所在的4S店制订一个推广预约方案,争取提升4S店的客户预约率。

图1-5　预约推广卡

## 学习准备

1. 知识准备。

1）哪些项目可以预约？

_____

_____

_____

2）对预约的客户可以给予什么样的优惠？

_____

_____

3）什么样的预约是有效的？

_____

_____

_____

4）可以通过哪些方式推广预约服务？

_____

_____

_____

_____

2. 话术准备。

1）在进行电话预约推广时，如果客户愿意继续接听电话，客服人员应该运用什么话术？

# 单元一 预约保养及维修

2）如果客户不愿意继续接听电话，客服人员应该运用什么话术？

3. 工具、表单准备。

在进行预约推广时，客服人员需要准备哪些工具和表单？

## 三 实训步骤

1. 了解预约优惠。

给予客户适当优惠，可以吸引客户、提高预约率，实现推广预约的目的，但是如果客户都约在繁忙时段，则同样会增加维修车间的负担，因此要设法引导客户预约在非繁忙时段。在预约时可以将时段做细分，将时段与每个时段所能接纳的预约台次、优惠幅度相结合，使预约更高效。

除了按时段打折之外，还可以采用哪些优惠措施？

2. 制订推广方案。

**【推广方案1】** 某4S店的预约推广方案如下。

活动时间：××年××月××日—××年××月××日。

活动内容：开展推广预约服务活动，预约服务工时优惠抽奖活动，通过网络抽奖平台实施抽奖，奖品为工时抵用券，开展绿色通道、预留工位活动。

1）为预约客户开通绿色通道，保证活动期间成功预约并及时到店的客户享有如下优先权。

接待免等候：入店即有预约服务顾问第一时间无缝对接；

保养优先：预约成功的客户到店后享有优先保养权；

检测优先：预约成功的客户到店后享有优先质检权；

洗车优先：预约成功的客户到店后享有优先洗车权；

结算优先：预约成功的客户到店后享有优先结算权。

2）为预约客户预留工位，活动期间保证为成功预约并准时到店的客户预留工位，保障其专享特权。

3）抽奖活动，成功预约并准时到店的客户可在经销商店参与网络抽奖。

活动范围：××全系车型。

预约电话：××××××××。

**【推广方案2】** 某4S店针对新购车客户推出预约推广方案，具体内容如下：凡××年××月××日前购买××车型的车主均可以预约，参加360°全方位关怀活动，均可免费获得一个"六选一套餐"。套餐内容如下：可获赠一张精美的"新车关怀"车辆体检卡，车主可以通过预约进行一次全车免费检测；免费获得为爱车量身定制的"六选一售后保养套餐"，共有划痕修护、漆面维护、安全维护、低碳养护、清新呵护、附件陪护6种套餐可供选择，车主可以从中任选一套给爱车做有针对性的贴心养护和"理疗SPA"，既为爱车营造更为清洁、舒适的驾乘环境，又能提升车辆的行驶安全系数，以及延长车辆的使用寿命。为了让车主更为直观、迅捷、详细地了解活动内容，4S店会将手机彩信发送到车主手机上。

3. 进行预约推广。

预约推广可执行的环节有服务顾问的接待环节与交车环节、收银员的结算与收银环节以及回访员的回访环节。所有可参与预约推广的岗位上的工作人员，都应该有接受预约的责任与相应的能力。为了给客户提供方便的预约环境,企业网站、电话、传真、短信等都可以成为预约服务的有效工具。

预约推广短信示例如下。

尊敬的车主:您好! 9月1日至9月30日期间,我店推出定期保养促进活动,凡在9月内成功预约并按时到店者,均可获赠礼品一份,并可参加抽奖活动,奖品包括拉杆箱、野餐垫等,欢迎致电××××××××预约。××4S店敬上。

| 预约推广电话话术 | 问　题 |
|---|---|
| 小林:您好,我是××4S店的客服专员小林。请问您是粤A××××的车主王先生吗?不好意思,打扰您几分钟时间,请问您现在方便接听电话吗?<br><br>王先生:方便,你请讲。<br><br>小林:王先生,夏天即将来临,我店现正举行空调系统免费检测活动,活动期间来店客户更换耗材也有特别优惠,另外还有其他优惠活动,欢迎您到店了解。由于天气变化,为了确保您的空调系统工作正常、无异味,我们建议您来店参加免费检测活动,并每半年来店保养一次,以确保您和家人的健康和安全。<br><br>王先生:不用了,我最近很忙。保养需要预约吗?<br><br>小林:是的,如果您提前电话预约,我们可以安排在您空闲的时间,节省您的宝贵时间。同时预约也可以享受工时折扣等多项优惠!<br><br>王先生:好的,我需要的时候再预约吧。<br><br>小林:好的,王先生,谢谢您接听我们的电话,打扰您了。需要保养时,您可以拨打电话××××　×××进行预约。祝您用车愉快,再见!<br><br>王先生:再见! | 1.如何挑选预约推广对象?<br><br>2.在拨打预约电话之前,我们需要做哪些心理准备?如果被拒绝怎么办? |

## 实 训 指 导

### 实训项目1　主动预约保养过程演练

一、实训准备

1. 在预约之前客服人员应该做好哪些仪容仪表准备？

_____
_____
_____
_____

2. 还需要做哪些话术准备？

_____
_____
_____
_____

二、实训过程

1. 情景说明。

1）客服人员根据系统信息招揽客户，并达成预约。

2）客户名：张先生；车牌号：粤 A ×××××。

3）预约时间：非繁忙时段；项目：首次保养。

2. 演练内容。

实施主动预约和安排预约前一日准备工作。

3. 参与角色。

客服人员、服务顾问、车间主管、零部件人员、引导人员。

4. 道具。

预约排班表、预约管理板（快修车辆派工看板）、快速服务单、工单架、零部件、预约材料架。

5. 实训要点。

1）分组：每组6～10人。

2)角色分配:组员分别扮演客服人员、服务顾问、车间主管、零部件人员、引导员、客户。

3)要点:

(1)根据系统提示,对当日需进行预约招揽的客户进行确认;

(2)按时间拨打电话,征询客户意见;

(3)合理分流并确认预约时间;

(4)提醒注意事项;

(5)确认客户的其他需求,对客户表示感谢;

(6)将电话相关信息登入预约登记表;

(7)预约前一天与客户确认预约状况;

(8)安排维修人员和工位,确认零部件准备;

(9)制作预约管理板,完成相关单据准备工作。

4)点评:学生评委点评,教师讲评,并总结出标准话术做参考。

## 实训项目2 预约推广过程演练

### 一、实训准备

1.预约推广方案由店内哪些部门协同制订?

_____
_____
_____

2.还需要做哪些方面的话术准备?

_____
_____
_____

### 二、实训过程

1.客服人员根据销售系统信息招揽客户,并推广预约首次保养服务。

2.客户名:张××;车牌号:粤A×××××。

3. 推广项目:车主首次保养预约成功,即可获赠礼品。

4. 演练内容。

制订预约推广方案,制作店内预约推广广告,并按照方案对新车车主进行预约推广。

5. 参与角色。

客服人员、服务顾问、市场部人员、销售顾问。

6. 道具。

预约排班表、预约管理板(快修车辆派工看板)、快速服务单、工单架、零部件、预约材料架。

7. 实训要点。

1) 分组:每组 6~10 人。

2) 角色分配:组员分别扮演客服人员、服务顾问、市场部人员、车主等。

3) 要点:

(1) 根据系统提示,对当日需进行预约招揽的客户进行确认;

(2) 拨打电话,进行自我介绍,说明拨打电话的目的;

(3) 介绍预约优惠,了解客户意愿;

(4) 确认客户是否愿意预约,介绍注意事项;

(5) 确认客户的其他需求,对客户表示感谢;

(6) 将电话相关信息登入预约登记表;

(7) 预约前一天与客户确认预约状况;

(8) 安排维修人员和工位,确认零部件准备;

(9) 制作预约管理板,完成相关单据准备工作。

4) 点评:学生评委点评,教师讲评,并总结出标准话术做参考。

# 练 习

一、问答

1. 预约维修保养有什么好处?

2. 如何提升 4S 店的预约保养率?

3. 预约推广可以针对哪些客户进行?

4. 预约推广可以给予车主哪些优惠？

## 二、话术练习

1. 王小姐三天前电话预约了今天进店首次保养，请用标准话术完成与王小姐的预约确认。

2. 李先生打来电话想预约本周末来店进行二级保养，请完成预约接受话术。

3. 小张是某4S店的服务顾问，为了提高预约率，公司要求他打电话给老客户进行预约推广，请完成推广话术。

4. 刘先生打来电话，希望预约三个小时后进店保养，但是目前店内各班组均已排满，无法完成预约，请完成拒绝引导话术。

5. 张小姐三个月前在本店购买了新车，请通过电话对张小姐进行回访并进行预约推广。

## 三、综合题

1. 请制作一张预约维修卡片。

2. 请制作一张预约维修推广海报。

3. 请完成一封预约保养的信件。

# 单元二 客户到达与接待

### 学习目标

1. 能够做好维修接待准备工作；
2. 能够完成客户接待。

"接待"是服务顾问给客户留下良好第一印象的关键时刻。迅速、热情、友好、专业的接待，能够体现4S店对客户的尊重和关心，给客户留下深刻的印象，赢得客户的信赖，建立良好的互动关系，提升客户的满意度(图2-1)。

图2-1 客户对维修接待过程的期望

4S店在为客户服务的过程中，服务态度是最先被客户感知到的。服务顾问作为与客户沟通的直接桥梁，肩负着重要责任，很多客户会把服务顾问服务态度的好坏作为衡量4S店服务质量的重要标准。

## 单元二 客户到达与接待

4S 店的服务工作从好的接待开始,而服务工作要使客户满意,必须依赖好的服务顾问。一个好的服务顾问,必须技术和礼仪两手抓。如果仅仅在技术上做得好,但在客户接待时使客户感觉不亲切或不满意,这将会使 4S 店所提供的服务大打折扣,因此要使无形的接待服务变为有价值,那就必须充分发挥服务顾问接待的功能。如果在接待过程中,不能带给客户愉悦,使客户产生诸多不满,就会让客户得出这样的结论:这个地方管理差,不正规;服务态度差,没把客户当回事,更无沟通可言;维修环境条件差,维修质量无保证,在这儿修车不放心,从而导致客户不满意,进而导致客户流失。

## 任务一  接待准备

【情景】 张先生一周前预约今天到店保养,早上九点钟前张先生按照约定的时间来到4S店。到了停车场,他发现维修通道(图2-2)在他的左边50米处,他小心翼翼地从两排新车中间开过去,来到了维修车道。尽管这时才刚刚九点钟,但他的前面已经停了几辆车了,车主们站在自己的车旁等待,穿着工作服的工作人员急匆匆地拿着纸、钥匙、电话和笔记板东奔西跑。张先生决定在车里等着别人来叫他,大约5分钟后,张先生决定出来站着,以便引起他人的注意,几分钟后有一个人走了过来,张先生说:"我已经预约……"这时这个工作人员打断他的话,说到:"我只是过来检查一下你的车,服务顾问一会儿就过来。"那个人开始拿着笔记板绕车检查,检查了里程表和车牌号,然后把信息记在一张纸上,之后把检验单放在前挡风玻璃前面,离

图 2-2  4S 店维修通道

开了。张先生靠着他的车耐心地等着,他开始更仔细地观察那条维修车道,一定是有人开车撞上了墙,因为墙上有凹痕和划痕,维修车道上还有一个垃圾桶,边上有一些垃圾。在通往等待区域的门上仍显示着"关闭"的标志,外面的前台看起来又脏又乱,这时终于有一位服务顾问走了过来,接待了张先生。

从上述案例可以看出,这样的 4S 店很容易引发车主的极度不满。只有充分做

好接待准备,才能以高质量的接待给客户留下良好的第一印象,从而获得客户的好感,令后续服务顺利进行,提升客户的满意度和忠诚度,让客户愿意再次光临本店。

## 一、任务描述

【仪容仪表准备】 在开始工作之前,服务顾问应该检查自己的仪容仪表(图2-3),确定以饱满的精神状态、规范的形象迎接客户的到来,给客户留下良好的第一印象,为所有后续工作奠定良好的基础。

【接待准备】 在客户到达之前,需要先检查相关的文件、工具和工作环境,确定没有问题,以便在客户到达时可以更快地进入接待工作,同时也可以给客户一个舒心的环境。

图2-3 服务顾问仪容仪表自检

## 二、学习准备

1. 仪容仪表准备。

1)标准的4S店服务顾问,在仪容仪表方面有什么具体要求?

_____
_____
_____

2)请整理好自己的仪容仪表,并互相检查,把检查结果写在下面。

_____
_____
_____
_____

2. 知识准备。

1)客户对维修接待环节的期望是什么?

单元二　客户到达与接待

_____
_____

2）客户不希望看到4S店怎样的工作环境？
_____
_____
_____

3）客户来到4S店时可能有哪几种心理状态？
_____
_____
_____

谁都知道，维修厂并不是观光的地方，所以有人把维修厂当作是医院一样，不愿去又不得不去。这时候，要理解他的心情，要知道怎么使他不愉快的心情变得愉快一点，要懂得怎么去对待他。

3．话术准备。

1）客户到达的第一时间，应该怎样问候客户？
_____
_____
_____

2）怎样与预约客户进行预约确认？
_____
_____

4. 工具、表单准备。

预约登记表、工单、预约排班表、车顶标示牌、预约欢迎看板、预检单、派工单、保养表单、电话、预检单、三件套。

## 三 实训流程图（图 2-4）

图 2-4 接待准备流程

## 四 实训步骤

1. 仪容仪表准备。

请对照表 2-1 检查自己的仪容仪表，并将检查结果和评价写在表格里。

仪容仪表检查表　　　　　　　　　　　表 2-1

| 检查项目 | 检查要点 | 检查结果及评价 |
| --- | --- | --- |
| 姿态 | 背要挺直 | |
| 面部 | 干净、精神，面带笑容 | |
| 手 | 指甲干净 | |
| 服装 | 穿着工装，服装整齐、干净 | |
| 鞋子 | 系好鞋带 | |
| 工作牌 | 佩戴端正 | |
| 其他 | | |

2. 接待准备。

1）准备文件和工具。

（1）按工作流程要求检查所有工作单据（预约登记表、预检单、派工单、保养表单等）是否齐全。

（2）检查接待前台电脑以及打印机的工作状况。

（3）检查对讲机和电话。

（4）察看、整理客户预约登记表，并及时更新客户"预约欢迎板"内容。

（5）提前与预约当日来店的客户进行电话联系，确认客户具体来店时间；如果确认预约客户能够如期而来，可提前准备好预检单，以节省接待洽谈时间。

（6）整理三件套。

2）工作环境的清洁和整理。

（1）每天开始营业前，检查维修出入口、服务接待区、接待前台、客户休息室和洗手间的卫生；

（2）整理客户休息室，检查并打开音响、影像设备，保证电脑正常使用；

（3）报刊、杂志摆放整齐，并及时更新，检查并保证饮水机处有水、水杯；

（4）保证客户接待大厅、客户休息室温度适宜，灯光适宜；

（5）全部检查完毕后，各就各位，等待客户光临。

3）出迎准备。

（1）在指定位置站好准备迎接客户；

（2）带好需要的资料，面带微笑；

（3）在客户到达的第一时间迎接客户。

| 电话确认话术 | 问题 |
|---|---|
| 小李：您好，我是××4S店的服务顾问小李。请问您是粤A×××××的车主王先生吗？不好意思，打扰您几分钟时间，请问您现在方便接听电话吗？<br><br>王先生：方便，你请讲。<br><br>小李：王先生，您好。打扰您了，您预约了今天上午九点半来给车辆做保养，想和您确认一下，您的时间有变化吗？ | 1. 应提前多长时间进行电话确认？ |

| 王先生：没有。<br>小李：好的，王先生。那我们会做好准备，恭候您的光临，谢谢您的接听！再见！<br>王先生：再见！ | 2. 如果客户不能按时到店，应该通知哪些部门？ |
| --- | --- |

## 任务二　客户到达接待

【情景】　客户刘先生于周六上午到4S店给自己的爱车做保养，来到4S店才发现今天来维修的车主特别多，停车场已经停满了车辆（图2-5），无奈之下刘先生只能在保安的指挥之下将车子停在路边，但是又担心会被抄牌，问保安怎么办。保安说："先生您尽管放心，如果有警察抄牌的话我们会马上通知您将车开走，等警察走了您再回来。"刘先生听了觉得很麻烦，他决定下次维修保养要换一家环境好（图2-6），至少停车方便的4S店。

图2-5　混乱的停车场

图2-6　整齐有序的接车区域

客户到达4S店的那一刻开始，所遇到的所有人和事都会对客户满意度造成影响，尤其是客户接待环节。如果能够在第一时间有专人接待客户，而且为客户提供温馨舒适的环境，那么客户也会对4S店建立良好的第一印象，进而愿意下次再来光顾。

## 一　任务描述

【客户接待】　王先生一周前预约今天早上9点到店做5 000km常规保养。早上8点50分，所有工作人员均已到位。早上九点钟，王先生按时到店，服务顾问小李事先已经与王先生电话确认，因此王先生到店后由小李接待（图2-7）。

单元二　客户到达与接待

图 2-7　客户到达

## 学习准备

1. 知识准备。

1）客户到达 4S 店后通常对服务顾问的接待环节有什么期待？

_____

_____

_____

2）客户到达 4S 店后不希望遇到哪些问题？

_____

_____

_____

2. 话术准备。

1）客户到达后，服务顾问怎样简单地自我介绍？

_____

_____

_____

2)怎样了解客户的基本资料？

_____

_____

3. 工具准备。

在客户到达时，服务顾问需要准备哪些工具？

_____

_____

_____

预约客户和非预约客户在到达接待上有什么区别？

_____

_____

## 三 实训流程图（图2-8）

图2-8 接待流程图

## 四 实训步骤

1. 客户到达。

客户到达后,保安指示客户进入停车区域,并向客户敬礼,表示欢迎。

2. 引导客户。

1)问候客户,了解客户是否有预约;

2)确认客户来意,询问客户作业类别;

3)引导人员通知服务顾问及时接待客户;

4)引导客户车辆进入接待区,按照作业类别停入接待工位。

3. 迎接客户。

1)向客户致意;

2)确认客户准备下车后,帮客户打开车门;

3)当着客户的面安装三件套(图2-9),确定座椅位置,做出标记。

图2-9　安装三件套

为什么要安装三件套和确定座椅位置?

4. 准备进入故障诊断环节。

# 实训指导

## 实训项目1　接待准备

一、实训准备

1．在客户到达前需要准备哪些工具和表单？

_____

_____

_____

2．服务顾问的仪容仪表准备包括哪些方面？

_____

_____

_____

_____

二、实训过程

1．情景说明。

1）预约车辆将于早上十点半进店；客户名：张××；车牌号：粤A×××××。

2）项目：首次保养。

3）接待位充足，服务顾问有空。

2．演练内容。

完成每天客人到达前的各项准备，开早会，准备开始一天的维修接待工作。

3．参与角色。

客服人员、服务顾问、前台主管、零部件人员、引导人员。

4．道具。

预约排班表、预约管理板、快修车辆派工看板、快速服务单、工单架、零部件、预约料架。

5. 实训要点。

1) 分组:每组 6~10 人。

2) 角色分配:组员分别扮演客服人员、服务顾问、前台主管、零部件人员、引导员、客户。

3) 早会由前台主管主持,内容可自行安排。

4) 点评:学生评委点评,教师讲评,并总结出标准话术做参考。

## 实训项目 2　接待过程演练

### 一、实训准备

1. 是否已经做好了接待前的准备工作？请再检查确认一次,把检查结果写在下面。

_____
_____
_____
_____

2. 如果在接待过程中遇到愤怒的客户,应该怎样做？

_____
_____
_____
_____

### 二、实训过程

1. 情景说明。

1) 预约准时进店/非预约;客户名:张××;车牌号:粤 A×××××。

2) 项目:首次保养。

3) 接待工位充足,服务顾问有空。

2. 演练内容。

完成预约/非预约客户到店后的接待。

3. 参与角色。

引导员、服务顾问、客户、保安。

4.道具。

车辆、快速服务单。

5.实训要点。

1)分组:每组6~10人。

2)角色分配:组员分别扮演引导员、服务顾问、客户、保安等。

3)点评:学生评委点评,教师讲评,并总结出标准话术做参考。

## 练 习

一、问答

1.做好维修接待能给4S店带来哪些好处?

2.服务顾问的规范形象应该是怎样的?

3.在接待中身体语言的运用有什么重要性?

4.什么是5S?在接待环节中做好5S会带来什么好处?

二、话术练习

1.王小姐三天前电话预约了今天十点进店首次保养,但是约定时间到了王小姐仍然未能到达,请打电话与王小姐确认。

2.客户刘先生的车先后三次因为同一问题入厂维修,这次又因为同一问题发生了故障。刘先生气愤地来到4S店,服务顾问应该如何接待刘先生?

三、综合题

1.请制作一个服务顾问仪容仪表检查表。

2.开一次模拟售后服务顾问早会。

3.请对如下案例进行分析,找出其中做得不对的地方,并写出正确的做法。

孙先生三个月前购买了一辆新车,他认为现在应该进行首次保养了。上次下雨,他的刮水器工作时有噪声,所以他也想同时修理一下,因此,他给买车的4S店打电话进行预约,电话响了三声就有人接听了电话。

"下午好,这里是××4S店,请问有什么需要帮忙的吗?"

"我想预约,我的车需要保养。"

"请稍等一下,我帮您转接。"

孙先生听着录音音乐以及关于新车即将上市的信息,大约过了一分钟,有人接起了电话。

"您好,这里是售后服务部。请问您有什么需要帮助吗?"

"大约三个月前我在你们店里买了一辆车,我想该进行首次保养了。"

"请问您贵姓?"

"孙××。"

"您的车型是什么?"

"××××××。"

"车辆识别代码是多少?"

"我不大清楚。"

"行驶里程多少?"

"大约5 000km。"

"您是应该过来保养一下了,您想什么时候过来?"

"明天可以吗?"

"我看看,我的电脑运行很慢,请稍等。明天恐怕不行,下周二可以吗?那时我们就不会像现在这么忙了。"

"如果最早也只能是下周二的话,就这么定了吧。"

"好的。我给您定在4 500km维修范围内,下周二见。"

"请等一下,我的刮水器有噪声,你能记一下吗?"

"当然可以,还有其他问题吗?"

"预约时间具体是几点钟?"

"上午八点半过来吧。"

"保养需要多长时间?"

"不会太长,如果我们不忙的话,45分钟就差不多了。"

"好的,谢谢,再见。"

周二早上八点半,孙先生来到4S店,到了停车场,他发现维修通道在他的左边50米处。他小心翼翼地从停放的两排新车中间开过去,来到了维修车道。

尽管这时才刚刚早上八点半,他的前面已经停了几辆车了,车主们站在自己的车旁,穿着工作服的工作人员急匆匆地拿着纸、钥匙、电话和笔记板走过。孙先生决定在车里等着工作人员来叫他。

大约5分钟后，孙先生决定出来站着，以便引起工作人员的注意。几分钟后有一个工作人员走了过来，孙先生说："我已经预约了……"这时这个工作人员打断他的话，说到："我只是过来检查一下你的车，服务顾问一会儿就过来。"

那个人开始拿着笔记板围着车转，检查了里程表和车牌号，然后把信息记在一张纸上。

"请问您贵姓？"

"孙××。"

"您来进行什么服务？"

"第一次保养。"

"好的，服务顾问很快就到。"他把检查单从笔记板里拿出来压在了刮水器下面。

孙先生靠着他的车耐心地等了很久，终于有一位服务顾问走了过来。

"早上好，先生，我们今天有什么可以为您服务的吗？"他从挡风玻璃处拿起检查单开始看，孙先生回答道："我的车已经买了三个月了。我想做首次保养。"

"好的，我们会处理的，请过来填一下资料。"

孙先生和服务顾问来到一张桌边，服务顾问将一些信息输进了电脑。

"还有其他需要帮忙的吗？"

孙先生想了一会儿，说："我差点儿忘了，我的刮水器有噪声，您能给我检查一下吗？"

"当然，我们过去看看。稍等一下，我去拿维修单。"

几分钟后，他拿来一张表格，上面有四部分内容。

"请在这里签名，还有这里、这里……"

"需要多久才能做完？"

"今天上午我们有些忙，所以可能需要一个半小时，您可以在我们的休息室等，那里有茶和点心。"

孙先生本没有打算待这么长时间，但也没有办法，只能等了。

"好吧，我等，需要多少钱？"

"除了零部件以外，第一次常规保养都是免费的，几乎花不了多少钱。和刮水器相关的东西都在保修范围之内。修好了我们会通知你的，您可以先进去休息一下，过会儿我叫您。"

单元三 故障诊断服务

# 单元三
## 故障诊断服务

**学习目标**

1. 能够解释保养项目；
2. 能够完成对车辆的目视检查，以便对客户所要修理的项目内容提出建议；
3. 学会了解客户的维修需求，准确记录故障详情，并与客户进行确认；
4. 引导客户休息等候维修保养完成。

一位客户来到维修站，对服务顾问说自己的车有问题，服务顾问请他描述一下故障现象。客户说他经常开车去买甜筒，每次去都会不熄火把车停在路边，当他买香草味甜筒的时候，再回到车上车不会熄火；当他买巧克力味脆皮甜筒的时候，再回到车上车就会熄火。服务顾问觉得他反映的现象很奇怪，因此并没有重视，对客户的车辆进行检修也没有发现有什么问题，就跟客户说车没有问题，并让客户把车开回去了。过了不久，客户又来反映相同的故障。后来这个客户找到经理，经理仔细地听客户描述了故障发生的时间、地点和故障的详情，并陪同客户将故障重现，终于找到了原因，帮助客户排除了故障，客户非常感谢经理的接待。

在服务顾问接待客户后，接下来就进入了故障检查与诊断环节。在这个环节中，客户希望服务顾问听了自己的故障描述后，能正确判断出故障原因，准确地做出估价,并且通过有效的询问技巧、专业的检查来找出车辆的隐藏故障,为客户提供合理的维修建议,保证客户车辆的安全性,提升客户对车辆性能和品牌服务的满意度(图3-1)。因此,提供专业、快速、准确的故障诊断服务,将会使客户感觉到服务顾问专业、优质的服务,从而增强客户的信任感,提升客户的满意度和忠诚度。

图3-1 客户对故障诊断的期望

## 任务一 环车检查

【情景1】 王先生为准备去云南自驾游,为了出游的安全,特意提前去4S店为车辆进行保养。按照预约安排,服务顾问小陈接待了王先生,然后在接车区对车辆进行了登记、环车检查、故障的初步检查与诊断,记录为:15 000km保养,更换制动摩擦片。

【情景2】 在车辆检查与诊断时,客户张先生反映:行驶过程中,每当加速时,车辆就会抖动;当减速时,车辆就会停止抖动。如果你是服务顾问,应该怎样回应客户?

与客户接触的过程中,诊断环节是展现服务顾问专业形象和建立客户信心的最佳时机。只有服务顾问认真、正确地执行问诊和诊断工作,才能保证车间的维修质量和维修效率。

## 一 任务描述

客户王先生按照预约的时间到达4S店进行车辆的5 000km常规保养,服务顾问小李热情地接待了王先生,再次确认了王先生的需求后,小李按照标准流程陪同王先生对车辆进行环车预检,进而根据车辆的实际情况确定所需的服务项目。

## 学习准备

1. 仪表仪容准备。

作为服务顾问,在环车检查阶段要注意哪些仪表仪容的细节?

_____
_____
_____

2. 接待准备。

1)作为服务顾问,在环车检查前要做好哪些接待准备?

_____
_____
_____
_____

2)客户对故障诊断过程有什么期待?

_____
_____
_____
_____

3. 话术准备。

环车检查前,服务顾问如何做自我介绍?在检查过程中应该怎样拉近跟客户的距离?

_____
_____
_____

4. 工具、表单准备。

电话,施工单(预检单),接车工单夹板,安全防护三件套。

## 三 实训流程图(图3-2)

图3-2　车辆维修前准备流程图

## 四 实训步骤

1. 问诊。

在为客户的车辆安装了防护三件套之后,需要通过问诊获取客户和车辆信息,了解客户的维修保养要求(图3-3)。在问诊过程中,服务顾问通过客户描述和提问来了解客户的需求。另外,问诊过程也是一个很好的跟客户交流感情、拉近距离的过程,服务顾问必须利用好这个过程。在问诊过程中需要注意以下几点:

(1)仔细聆听客户对故障问题的具体描述,尽可能不要打断客户的讲话;

(2)用"5W2H"问诊法询问客户故障具体情况,获取信息;

(3)复述,将听到的信息,用你自己所理解的意思复述给客户。

在问诊的过程中,将获取的信息填写在接车问诊单上(表3-1)。

单元三 故障诊断服务

图 3-3 问诊

什么是"5W2H"问诊法?

"5W2H"问诊法又叫"七何问诊法"。它简单方便,易于理解使用,被广泛应用于技术活动中。

5W:

WHO——谁开车?即故障发生时是谁在驾驶车辆。

WHEN——什么时间?即故障发生的时间,包括季节、时间早晚等。

WHY——为什么会发生?即故障发生的原因咨询,例如问题发生前车辆有没有发生过其他故障或做过维修保养、改装或事故等。

WHERE——在什么地方发生?即故障发生的地点,如高速公路、国道、市内公路等。

WHAT——发生了什么事?即故障发生时的详细情况,例如哪个系统发生了什么故障,当时发动机、变速器、仪表指示灯、灯光、空调及其他功能等的状态。

2H:

HOW——怎么发生的?即客户是否有简单的感觉判断,发生时有没有其他伴随现象,如下雨、特殊路面、特殊地区等。

HOW MUCH——发生的频率,即到目前为止共发生了多少次。

汽车维修保养接车问诊单　　　　　　　表 3-1

| 进店时间 | 月　日<br>时　分 | 送修人姓名 | | 联系电话 | | 行驶里程 | |
|---|---|---|---|---|---|---|---|
| 车牌号码 | | 车辆型号 | | 底盘号码 | | 购车日期 | |
| 客户描述故障现象 | 1.<br>2.<br>3.<br>4. | | | | | | |
| 服务顾问诊断<br>得出初步意见 | 1.<br>2.<br>3.<br>4. | | | | | | |
| 服务顾问建议 | 1.<br>2.<br>3.<br>4. | | | | | | |

| 功能确认：(正常√　不正常×) | 外观确认：H 划痕，P 破裂，D 丢失， |
|---|---|
| □ 音响系统　　　　□ 点烟器<br>□ 中央门锁(防盗器)　□ 后视镜<br>□ 天窗　　　　　□ 四门玻璃升降 | F 腐蚀。 |
| 物品确认：(有√　无×)<br><br>□ 已提醒客户将贵重物品带离车辆<br>□ 随车工具　　□ 千斤顶<br>□ 备胎　　　　□ 灭火器<br>□ 其他(　　　　　　) | (如有损伤，在相应部位作标记) |
| 服务顾问提醒 | 本次检查出的故障如在本站维修，检查工费不另收取；如不在本站维修，则检查工费应由客户支付。本次检查费为：￥_____元。(保修项目除外)<br>自费维修旧件处理：□ 客户要求带走；□ 客户选择不带。<br>本店已提醒客户将车内贵重物品带离车辆并妥善保管，如有丢失，与本店无关。 |
| 服务顾问 | | 用户确认 | |

单元三　故障诊断服务

| 问 诊 话 术 | 要 点 提 示 |
|---|---|
| 小李：您好，王先生，感谢您的准时抵达。我是服务顾问李丽，您可以叫我小李，这是我的名片。我已经为您爱车的保养做好了准备，我将用10～15分钟的时间进行接车工作，可以吗？<br>王先生：可以。<br>小李：我现在来给您车辆做一个信息登记，麻烦您出示一下保养手册。<br>王先生：好的。<br>小李：好的。您的车子现在用起来感觉怎么样？<br>王先生：还不错，就是有时感觉左前轮有点颠簸。<br>小李：好的，王先生。您的车子需要做一个保养，左前轮有些颠簸感，我们等下会给您检查一下。请问还有什么需要补充的吗？<br>王先生：暂时没有。<br>小李：好的，王先生，为了防止在维修或保养的过程中把您的车子弄脏，我需要给您的爱车铺上防护用品，可以吗？<br>王先生：可以。 | 1．引导动作及问候话术规范；<br>2．区分作业类别；<br>3．将车辆按作业类别停入接待工位；<br>4．主动出迎、热情问候。 |

2．环车检查。

在明确客户的主要维修保养项目之后，首先要对车辆进行环车检查（图3-4），记录车辆以前的损伤情况，记录所有已经遗失或损坏的部件，发现额外需要完成的工作（客户没有发现的问题），提醒客户存放/带走车内的贵重物品，并将检查内容填写在表3-2中。

在环车检查中，如果发现车辆损伤，应该立即向客户指出损伤部位，并估算修补费用。

图 3-4　环车检查顺序

1)位置 1:车内检查。

(1)请客户提供保修手册。

(2)在得到客户允许后先将座椅套、脚垫、转向盘套等物品放置在车内,然后进入驾驶室内进行检查。

①检查杂物箱(注意:杂物箱是客户的私密空间,在打开之前一定要先征求客户的同意);

②核实里程数,记录燃油量;

③起动发动机,查看故障灯;

④检查仪表板和电气元件的工作状况;

⑤检查制动踏板及驻车制动工作状况;

⑥检查转向盘工作状况;

⑦检查前、后排座椅,仪表台等处是否有客户遗留的贵重物品;

⑧检查风窗玻璃的损伤情况;

⑨在从车里出来之前,释放发动机舱盖拉锁和所有门锁。

| 话　术 | 问　题 |
| --- | --- |
| 小李:王先生,我来登记一下里程数和燃油表信息,请稍等。<br>王先生:好的。<br>小李:您的车辆已行驶了 58 650km,燃油还有 1/2,车内配置也是齐全的。 | 1.服务顾问在打开车门后,如何适当地赞美客户?<br>2.接车问诊单上如何填写相关检查结果? |

## 单元三 故障诊断服务

| 话　　术 | 问　　题 |
|---|---|
| 王先生:好的。 | 3.确认车内时,若发现仍然有遗留的物品,服务顾问该怎么处理? |

2)位置2:车辆左前胎附近。

(1)检查左前门锁止及外观状况。

(2)记录左前门、后视镜有无损伤。

(3)检查风窗玻璃的损伤情况。

(4)核实车架号。

(5)检查左侧刮水片是否硬化或有裂纹。

| 话　　术 | 问　　题 |
|---|---|
| 小李:您的车窗是正常的。这边油漆也没问题。<br>王先生:哦。 | 如果车身较脏,影响确认车辆外观,应该怎样处理? |

3)位置3:车辆左前侧翼子板附近。

(1)检查左前翼子板、发动机舱盖有无损伤。

(2)检查风窗玻璃的损伤情况。

(3)检查左前轮胎是否有不均匀磨损、裂纹。

(4)检查左前轮毂是否有损伤,轮毂盖是否遗失。

| 话　　术 | 问　　题 |
|---|---|
| 小李:王先生,这边情况一切完好。<br>王先生:好的。 | 如果检查中发现客户轮胎有异常磨损情况,应该怎样处理? |

4)位置4:车辆正前方。

(1)检查前照灯、前雾灯、前保险杠、发动机舱盖、进气格栅及车标。

(2)确认车牌。

(3)发动机舱内的部件(如:风扇皮带是否老化,所有油液的存量和质量,机油或水是否泄漏,橡胶软管是否老化,电线是否有磨损、脱落,电池液高度等)。

(4)需要进行路试或故障诊断,可请车间主任或技师来完成。

| 话 术 | 问 题 |
|---|---|
| 小李:我们再对发动机舱做一下检查吧。<br>王先生:好的。 | 什么是"五油三水"? |

5)位置5:车辆右前方。

(1)检查右前翼子板、发动机舱盖、后视镜有无损伤。

(2)检查风窗玻璃的损伤情况。

(3)检查右前轮胎是否有不均匀磨损、裂纹。

(4)检查右前轮毂是否有损伤,轮毂盖是否遗失。

| 话 术 | 提 示 |
|---|---|
| 小李:王先生,这里有点轻微刮伤。不过没关系,在维修过程中,我会让我们的维修师傅免费为您做一些简单的处理。<br>王先生:好的,谢谢。 | 注意不要让客户认为服务顾问在挑毛病或急着撇清责任。服务顾问应该要展现出专业的态度,让客户感觉到服务顾问是在协助他检查车辆,完善此次的维修。 |

6)位置6:车辆右侧车门。

(1)检查右侧车身的损伤情况。

(2)检查右侧前后门的开关锁止状况。

(3)检查右侧前后门内饰板、地毯、座椅等是否损坏。

(4)检查是否有贵重物品被遗忘在车后座或地板上。

| 话 术 |
|---|
| 小李:王先生,这边情况良好。<br>王先生:哦。 |

7)位置7:车辆右后侧。

(1)检查右后轮胎是否有不均匀磨损、裂纹。

(2)检查右后轮毂是否有损伤,轮毂盖是否遗失。

(3)检查后风窗玻璃的损伤情况。

| 话　术 |
|---|
| 小李:王先生,这边情况良好,没有刮伤和划痕。<br>王先生:好的。 |

8)位置8:车辆正后方。

(1)检查行李舱盖、后保险杠是否有损伤。

(2)确认车牌。

(3)检查尾灯外观。

(4)检查后风窗玻璃的损伤情况。

(5)邀请客户一起确认行李舱内的贵重物品、备胎及随车工具。

| 话　术 | 提　示 |
|---|---|
| 小张:王先生,我可以打开行李舱,检查一下车辆附件吗?<br>王先生:可以。 | 1.拉开后行李舱盖前应先征得客户同意。<br>2.务必要客户签名确认贵重物品情况。 |

9)位置9:车辆左后侧。

(1)检查左侧的车身和油漆损伤。

(2)检查左后门内饰板是否损坏。

(3)检查后风窗玻璃的损伤情况。

(4)检查左后轮胎是否有不均匀磨损、裂纹。

(5)检查左后轮毂是否有损伤,轮毂盖是否遗失。

(6)检查车顶。

| 话　术 | 提　示 |
|---|---|
| 小李:还都不错。王先生,看来您平时对车辆保护得挺仔细的。<br>王先生:谢谢。<br>小李:请问车内有没有贵重物品需要保存?<br>王先生:没有了。 | 1.如需启动车辆,必须得到客户同意。<br>2.若音响在开启状态,应当面得到客户认可后再将音响关闭。 |

小李：王先生，换下来的旧件您需要带走吗？

王先生：不用了。

小李：需要为您免费洗车吗？洗车时间大概需要30分钟。

王先生：好，谢谢。

小李：王先生，这是对车辆的检查情况，如无其他的要求，请您在这儿签个字。

王先生：好的。

小李：王先生，根据您的车辆情况，我们的维修技师将对车辆进行故障原因分析和处理诊断。同时，我们还将对车辆的底盘部分进行全面的检查。

王先生：好的，谢谢。

小李：王先生，感谢您对我的信任，我会竭诚为您服务的。在维修过程中，如果发现什么问题，我会跟您联系。车交给我，请您放心。

王先生：好的，谢谢。

3. 向客户复述总结时，应与客户站立在同方向，以手指着接车单。

**维 修 委 托 书**　　　　　　　　　　　　　　　表3-2

| 维修单位 | | | 车辆进店时间 | 年　月　日　时 | 服务顾问 | |
|---|---|---|---|---|---|---|
| 客户信息 | □车主　□送修人 | | 地　　址 | | 联系电话 | |
| 车辆信息 | 车牌号 | | 车　型 | VIN | 发动机号 | 里程数 |
| 作业信息 | 维修开始时间 | 预计交车时间 | | 付款方式 | | 非索赔旧件是否带走 |
| | 年　月　日　时 | 年　月　日　时 | | □现金　□信用卡　□其他 | | 是□　否□ |
| 互动检查 | 是否有贵重物品 | | | 油箱油量 | □空　　　□<1/4 | |
| | 是□　否□ | | | | □半箱　□<3/4　□满箱 | |
| 外出救援： | 是□　否□ | | 救援里程（往返）：　　　（km） | | 救援到达时间： | |
| 车身状况漆面检查，损伤部位下图标注 | | | | | | |

续上表

| | | 检查结果 | |
|---|---|---|---|
| | | 车身检查 | |
| | | 车内检查 | |
| | | 发动机舱检查 | |
| | | 底盘检查 | |

| 客户须知 | 客户故障描述 |
|---|---|
| 1. 客户所提供的信息应真实有效。<br>2. 完工时间以通知客户接车时间为准。<br>3. 客户应在接到通知2小时内接车。<br>4. 客户违反"客户须知"产生的风险和损失客户本人自愿承担。 | |

客户确认：本人已阅知并理解上述内容。　　　　客户签字：

| | 维修项目 | 备件 | 是否索赔 | 材料费 | 工时费 | 小计 | 维修人 | 检查人 |
|---|---|---|---|---|---|---|---|---|
| 维修项目 | | | 是　否 | | | | | |
| | | | 是　否 | | | | | |
| | | | 是　否 | | | | | |
| | 预估费用： | | 费用小计 | | | | | |

客户确认以上维修项目及费用：

| | 维修项目 | 备件 | 是否索赔 | 材料费 | 工时费 | 小计 | 维修人 | 检查人 |
|---|---|---|---|---|---|---|---|---|
| 新增维修项目 | | | 是　否 | | | | | |
| | | | 是　否 | | | | | |
| | 预估新增维修时间： | | 费用小计 | | | | | |
| | 预估新增维修费用： | | | | | | | |

客户确认以上维修项目及费用：

| 索赔费用： | 自费费用： | 维修总费用： | 交通补偿费用(元)： |
|---|---|---|---|
| 质检员签字(盖章)： | 通知客户接车方式：现场　短信　电话 | 通知客户接车时间：年　月　日　时 | 实际交车时间：年　月　日　时 |
| 客户评价 | □满意　□不满意 | 不满意原因：□服务接待　□服务环境　□维修质量　□维修时间<br>□备件保供　□维修收费　□产品质量 | |

本人确认以上内容与本人委托需求一致并已提车。　　　　　　　　　客户签字：

## 任务二 故障检查与诊断

**【情景】** 在车辆检查与诊断时,客户赵女士向服务顾问小张描述:在行驶过程中换挡时有时会出现抖动的现象,还会伴随着异常响声,甚至还出现过掉挡的现象。

服务顾问在接待客户、对车辆进行环车检查过程中,如果客户有描述故障,那么服务顾问需要用心倾听、细心询问,并复述确认故障情况,在听完客户的故障描述后,能正确判断出故障发生的可能原因,并且配合诊断技师通过专业的检查来找出车辆的隐藏故障,为客户提供合理的维修建议,从而以专业性赢得客户的信赖,并通过专业的检测为客户提供合理化建议,为企业创造利润。

服务顾问对车辆的诊断应做到三现,即:"现场",必须亲自到车辆故障的部位旁;"现物",必须确认故障的部位或部件;"现实",必须确认故障的实际状况,如断裂、磨损、生锈、氧化、接触不良。

若暂时无法判断出故障原因,应向客户说明将采取的维修方案。同时,请车间诊断技师给予维修诊断技术支持。

### ● 任务描述

服务顾问小李在接待工位对客户王先生的车辆进行环车检查时,王先生抱怨车辆左前轮有点颠簸。服务顾问无法在问诊时确诊问题,最终在诊断工位上经过拆检(图3-5)判断是左前减振器异常造成的。

图3-5 故障诊断

单元三　故障诊断服务

## 学习准备

1. 知识准备。

作为服务顾问,在故障检查与诊断阶段要了解哪些知识?
_____
_____
_____
_____

2. 接待准备。

作为服务顾问,在故障检查与诊断中如果遇到解决不了的故障怎么办?
_____
_____
_____
_____

3. 话术准备。

故障检查与诊断时,服务顾问如何运用相关技巧进行有效询问?过程中在语言语调上要注意哪些细节?
_____
_____
_____
_____

4. 工具、表单准备。

施工单(预检单),接车工单夹板,诊断工位需配置举升机、工具箱、手电筒。

## 三、实训流程图（图3-6）

图3-6　故障诊断流程图

## 四、实训步骤

1. 接待客户。
1）问候客户；
2）确认客户姓名和来店目的；
3）把工作转交给诊断技师。

| 话　　术 | 提　　示 |
|---|---|
| 小李：王先生，您的车子保养得很不错啊。<br>王先生：还可以，我一直在你们这里做保养。<br>小李：车子还有其他异常情况吗？<br>王先生：有。左前轮有点颠簸，请帮我检查一下是什么原因造成的。<br>小李：好的，王先生。您的车子需要做一个5 000公里的保养，车辆左前轮颠簸需要检查。请问还有什么需要补充的吗？<br>王先生：没有了。 | 1. 仔细聆听客户对故障现象的描述。<br>2. 重复、归纳客户的陈述内容。 |

单元三　故障诊断服务

小李：好的。如有必要，我会请我们的维修技师给您提供专业的技术指导。

王先生：谢谢。

2. 客户需求确认和诊断调查表。

对随到客户，通过交谈和检查确认客户需求和获得其他附加项目的要求。

1）获得并输入客户信息；

2）获得并输入车辆信息；

3）确认维修履历；

4）检查最近的技术信息；

5）检查未实施的召回/市场处置；

6）准备需要的文件。

1. 若在环车检查过程中不能完成诊断工作，则服务顾问可将车辆驶入诊断工位，请客户一起到诊断工位会诊。服务顾问或维修技师利用简单的工具或举升机，对故障的部位做进一步的诊断。

2. 客户到来之后，会告诉你车辆有故障。这时候，要确认故障症状，就必须运用有效的询问技巧，这样才能够准确地掌握故障情况并记录在委托书上，才不会误导维修技工的判断。

3. 当客户叙述故障症状的时候，往往会从以下角度进行：听到什么噪声/闻到什么气味/看到了什么/驾驶的感受/发动机性能等，服务顾问就可以利用上述五种故障症状向客户提问开放式问题或封闭式问题，帮助他把故障症状描述清楚。

| 话　　术 | 提　　示 |
| --- | --- |
| 小李：王先生，左前轮的颠簸是什么时候开始感觉到的？之前有没有发生什么异常现象？<br>王先生：已经一周多时间了，之前没有留意。 | 1. 无法在接待工位判断的故障，需将车辆驶进诊断工位检查。 |

| 小李:好的。那么这种颠簸发生在什么速度时呢?在平整路面上感觉得到吗? | 2.向客户说明进一步的处理方案。 |
| --- | --- |
| 王先生:速度越高,颠簸就越明显,在平整路面上也有一点。 | |
| 小李:好的,王先生。现在暂时无法判断出颠簸的真正原因,等车辆进入车间请我们的维修技师做过专业检查以后,我再向您说明颠簸的原因,经过您的同意再进行维修,您看可以么? | |
| 王先生:可以。 | |

3. 解释诊断细节。

1) 解释诊断所需时间、估算完成时间;

2) 了解和确认接待过程中收集的信息;

3) 记录解释结果和员工姓名;

4) 拿取车钥匙。

4. 引导客户。

1) 利用经销店设施指引客户;

2) 向客户介绍休息室。

| 话　　术 | 问　　题 |
| --- | --- |
| 小李:王先生,对您的车子完成故障诊断大概需要15分钟,您是在前台等候还是去休息室休息一下。 | 如果客户要求参与故障诊断过程,应该怎样应对? |
| 王先生:我去客户休息室吧。 | |
| 小李:我带您去吧! | |
| 王先生:不用,我自己去。 | |

5. 诊断。

1) 把车辆移至相应的工位(图3-7)。

2) 记录车辆最开始时的状况。

3) 记录工作开始时间。

图 3-7　车辆故障诊断顶起位置

4）对实车进行诊断（图 3-8）。

图 3-8　车辆故障诊断

5）确认是否保修，若是，需解释要做什么工作。

①政策：服务顾问必须向客户准确解释保修范围。

②保修处理：服务顾问应该知道如何处理保修要求。

③诊断：必须由诊断技师或保修专员来完成。

④保修处理流程：

检查行驶时间和里程读数是否在保修范围内→确认问题的存在，若有必要，应请诊断技师或保修专员给予支持→如果车辆不在保修范围内，可与服务经理一同查看后确定是否适合使用商誉服务→向客户解释将要做什么工作和是否在保修范围内，然后征得客户同意→在工单上标注"保修"以提醒技师此次维修是保修作业→写下工作描述并向客户说明免费。

6）把车辆恢复到原始状况。

7）进行 5S 工作。

8）记录诊断结果和技师姓名。

> 1. 对于快修服务和较易判断故障原因的一般性维修,可以安排在快修专用工位;对较难判断故障原因的和维修时间较长的维修、车辆行驶和使用感觉不理想或由于前次维修处理不当需返修而产生抱怨的维修,可以安排在预检专用工位,由维修接待(或邀维修技师一起)对车辆底盘部分进行检查,检查结果记录在《预检单》上,以便向客户解释;如有必要,安排路试。
>
> 2. 维修技师对客户报修故障进行判断,将"故障原因分析"和"故障处理方法"详细告诉服务顾问,由服务顾问用规范词语记录在《预检单》上。
>
> 3. 维修技师如无法判断故障,则请技术专家协助;技术专家独立诊断仍无法判断,则申请技术援助。
>
> 4. 在车辆故障判断所需时间较长时(控制在15~20分钟),服务顾问应与维修技师或技术专家交流后,向客户及时说明相关情况,希望客户耐心等候。

话　术

小李:王先生,经过检查,发现您车辆左前减振器工作不良,需要更换,否则会影响到您车辆的舒适性。更换总共需要的费用是1 212元。这一次您需要更换么?

王先生:那好吧。

小李:好的,请您在这份委托单上签字。

王先生:好。

# 实　训　指　导

## 实训项目1　环车检查过程

一、实训准备

1. 环车检查的目的是什么?

单元三 故障诊断服务

2. 环车检查的内容有哪些？

二、实训过程

1. 情景说明。

客户张先生的汽车为预约维修车辆，牌号是粤A×××××，现在停在预约车位上，需要对车辆进行环车检查。

2. 演练内容。

记录环车检查的内容，并记录在相应的工单上。

3. 参与人员。

客户、服务顾问、服务顾问助理。

4. 道具。

车辆一台、预约指示牌、环车检查记录单。

5. 实训要点。

（1）分组：每组6～10人。

（2）角色分配：每组由两人扮演服务顾问和客户，其他人做评委。

（3）设定车辆状态。

（4）迎接客户，邀请客户一起进行环车检查。

（5）点评：学生评委点评，教师讲评，并给出标准话术做参考。

## 实训项目2　故障检查与诊断过程

一、实训准备

1. 故障检查过程中怎样对客户进行提问？

_____
_____

2. 故障诊断过程中跟客户沟通应该避免哪些用词?
_____
_____
_____
_____
_____

二、实训过程

1. 情景说明。

客户张先生的汽车为预约维修车辆,车牌号是粤 A×××××,现在停在预约车位上,已经完成了环车检查,即将进行故障诊断、确认维修项目。

2. 演练内容。

对客户张先生的车辆进行故障诊断,告诉他哪些是必须维修的项目、哪些是需要注意的项目。

3. 参与人员。

客户、服务顾问、诊断技师、服务顾问助理。

4. 道具。

车辆一台、预约指示牌、维修工单。

5. 实训要点。

(1) 分组:每组 6~10 人。

(2) 角色分配:每组由三人分别扮演服务顾问、诊断技师和客户,其他人做评委。

(3) 设定车辆故障。

(4) 与客户一起进行故障诊断、确定维修项目,并区分哪些是本次必须维修的项目、哪些可以等到下次在进行维修。在诊断过程中要注意态度热诚、礼貌,传达出诚恳及乐于协助的信息;理解和尊重,仔细倾听客户的要求,不随意打断客户的讲话;描述故障时应忠实于客户的原意;解释常见故障、保修政策。

(5) 点评:学生评委点评,教师讲评,并给出标准话术做参考。

## 练 习

**一、问答**

1. 环车检查需要检查车辆的哪些部位？
2. 车辆的首次保养一般包含哪些项目？
3. 可以通过哪些方法确认车辆故障？

**二、话术练习**

1. 在环车检查时，发现漆面有多处被划伤的痕迹，应该怎样跟客户描述？
2. 在故障诊断时，遇到一时无法找到原因的故障，应该怎样跟客户解释？
3. 客户描述自己的车辆出现加速抖动现象，怎样应用"5W2H"法对客户进行问诊？
4. 在诊断过程中，发现可换可不换配件的项目，应该怎样处理？

**三、综合题**

作为实习服务顾问，对车辆的简单故障无法确定其原因，你准备怎样跟客户说？

# 单元四
## 维修项目解释及派工

**学习目标**

1. 能够提供优质的服务方法及解释维修项目；
2. 能较准确地估算维修费用及时间；
3. 能确认维修项目及安排车间派工；
4. 能追加维修服务。

4S店主要的服务对象可分为公务车与私家车。一般而言，公务车在服务时间方面的要求相对宽松，对于维修价格的敏感度较低，因此即使维修服务的时间较长，维修项目多，价格偏高，多数客户仍然能够接受。但是，多数私家车客户由于没有替换车辆而且全部费用要自掏腰包，所以对服务时间的预估质量要求较高，对于维修价格敏感度较高，甚至会"斤斤计较"，因此在维修项目解释、等候时间和价格预估等方面的要求都会比较高，任何一个服务环节出现问题，都有可能引起客户的抱怨与投诉。

在派工方面，目前多数4S店仍采用兼职与简单发派为主的操作方法。兼职是指由其他人员兼任派工；简单发派是指派工人员在调度派工时，仅进行简单的按序分配。这两种相对传统的人力使用方式与工作分配模式，显然已经不能适应现代社会的生活节奏与客户的服务需求。由于企业对维修进程的管理失控，而引发客户抱

# 单元四 维修项目解释及派工

怨的事件屡有发生，这似乎已经成为影响企业运营效率与客户满意度的一个主要因素。所以，企业经营者应该对调度派工环节进行调整与改善，逐步采用优先权的派工方式，即对部分客户（如预约客户）车辆优先派工，以减少在场等候的客户给业务接待部门带来的工作压力与干扰。另外，在业务繁忙时段，对交车时间尚有宽裕度的车辆实施临时停工，以便及时抽调人力来提高关键时段的车辆竣工效率，提高企业的运营效率与客户满意度。

对于服务顾问而言，熟悉维修保养工作的业务流程，了解常见故障的诊断方法以及各个环节的控制方法与质量标准，是很重要的。因为只有这样，才能利用自己的专业知识为客户做出通俗易懂的细致说明，以得到客户的理解与尊重，提高客户的满意度（图4-1）。

图4-1 客户对于维修解释和派工环节的期待

## 任务一 维修项目解释

多数客户对车辆的维修工艺、作业难度与时间要求等不了解，往往会提出比较苛刻的要求。如果不能及时将维修项目向客户进行解释说明，将给后续的服务管理带来诸多的风险与困难。细致耐心的解释，能使客户更加信任企业的专业性，使客户明白消费得物有所值，同时更加坚定地信赖企业的服务，大大提高客户满意度。

### ● 一、任务描述

客户王先生来厂做5 000km例行保养，服务顾问小李接待了王先生。经王先生介绍及服务顾问小李和车间技师检查确认，车辆准备进行定期保养并更换左前减振器。请按照要求向王先生解释维修项目(图4-2)。

图4-2 维修项目解释

## 二 学习准备

服务顾问根据预检单(表4-1)上所记录的内容,准备好维修委托书(表4-2)及定期保养单(表4-3),初步确定维修项目(包括服务套餐、其他项目等)、维修备件以及维修工时,并在系统上登记并保存,同时将备件名称、备件费用以及工时费用简明扼要地记录在维修委托书上。为了提高服务质量,需事先从系统中查询车辆历史维修记录,进一步明确维修内容,做好相应对策。如重复维修项目,需立即通知车间技术专家进行维修质量控制。

　　汽车保养是指根据车辆各部位不同材料所需的保养条件,采用不同性质的专用护理材料和产品,对汽车进行全新的保养护理的工艺过程。汽车保养主要包含了对发动机系统、变速器系统、空调系统、动力转向系统等的保养。

1. 客户对于维修项目解释及客户安顿环节有什么期望值？

_____
_____
_____

## 2. 为什么要对常规保养进行规范解释？

_____

_____

_____

_____

## 3. 如果没有做好车辆预检工作，可能产生什么后果？

_____

_____

_____

_____

## 4. 工具、表单准备：

预约登记表、预检单、定期保养工单、维修委托书、电话、三件套。

汽车维修预检单　　　　　　　　　　　　　　　　　　　表4-1

| 汽车维修保养接车预检单 | | | | | | |
|---|---|---|---|---|---|---|
| 进站时间 | 月　日<br>时　分 | 送修人 | | 联系电话 | | 行驶里程 |
| 车牌号码 | | 车辆型号 | | 底盘号码 | | 购车日期 |
| 客户描述故障现象 | 1.<br>2.<br>3.<br>4. | | | | | |
| 服务顾问诊断得出初步意见 | 1.<br>2.<br>3.<br>4. | | | | | |
| 服务顾问建议 | 1.<br>2.<br>3.<br>4. | | | | | |

续上表

| 功能确认:(正常√ 不正常×)<br>□音响系统 □点烟器<br>□中央门锁(防盗器) □后视镜<br>□天窗 □四门玻璃升降 | 外观确认:H 划痕;P 破裂;D 丢失;<br>F 腐蚀。 |
|---|---|
| 物品确认:(有√ 无×)<br>⛽<br>F ╲╲╲╲<br>  ╲╲╲<br>E<br>□已提醒客户将贵重物品带离车辆<br>□随车工具 □千斤顶<br>□备胎 □灭火器<br>□其他( ) | (如有损伤,在相应部位作标记) |
| 服务顾问提醒 | 本次检查出的故障如在本站维修,检查工费不另收取;如不在本站维修,则检查工费应由客户支付。本次检查费为:¥_____元。(保修项目除外)<br>自费维修旧件处理:□客户要求带走 □客户选择不带。<br>本店已提醒客户将车内贵重物品带离车辆并妥善保管,如有丢失,与本店无关。 |
| 服务顾问 | 用户确认 |

维修委托书　　　　　　　　　　　　　　　　　表 4-2

| 维修单位 | | 车辆进店时间 | 年 月 日 时 | 服务顾问 | |
|---|---|---|---|---|---|
| 客户信息 | □车主 □送修人 | 地址 | | 联系电话 | |
| 车辆信息 | 车牌号 | 车型 | VIN | 发动机号 | 里程数 |
| 作业信息 | 维修开始时间<br>年 月 日 时 | 预计交车时间<br>年 月 日 时 | 付款方式<br>□现金 □信用卡 □其他 | | 非索赔旧件是否带走<br>是□ 否□ |
| 互动检查 | 是否有贵重物品<br>是□ 否□ | | 油箱油量 | □空 □<1/4<br>□半箱 □<3/4 □满箱 | |
| 外出救援: 是□ 否□　　　救援里程(往返): (km) 救援到达时间: | | | | | |
| 车身状况漆面检查,损伤部位下图标注 | | | | | |
| | | 检查结果 | | | |
| | | 车身检查 | | | |
| | | 车内检查 | | | |
| | | 发动机舱检查 | | | |
| | | 底盘检查 | | | |

续上表

| 客户须知 | 客户故障描述 |
|---|---|
| 1. 客户所提供的信息应真实有效。<br>2. 完工时间以通知客户接车时间为准。<br>3. 客户应在接到通知 2 小时内接车。<br>4. 客户违反"客户须知"产生的风险和损失客户本人自愿承担。 | |

客户确认:本人已阅知并理解上述内容。　　客户签字:

| | 维修项目 | | 备件 | 是否索赔 | 材料费 | 工时费 | 小计 | 维修人 | 检查人 |
|---|---|---|---|---|---|---|---|---|---|
| 维修项目 | | | | 是　否 | | | | | |
| | | | | 是　否 | | | | | |
| | | | | 是　否 | | | | | |
| | 预估费用: | | | 费用小计 | | | | | |

客户确认以上维修项目及费用:

| | 维修项目 | | 备件 | 是否索赔 | 材料费 | 工时费 | 小计 | 维修人 | 检查人 |
|---|---|---|---|---|---|---|---|---|---|
| 新增维修项目 | | | | 是　否 | | | | | |
| | | | | 是　否 | | | | | |
| | 预估新增维修时间: | | | 费用小计 | | | | | |
| | 预估新增维修费用: | | | | | | | | |

客户确认以上维修项目及费用:

| 索赔费用 | | 自费费用 | | 维修总费用 | | 交通补偿费用(元) | |
|---|---|---|---|---|---|---|---|
| 质检员签字(盖章): | | 通知客户接车方式 | 现场　短信　电话 | 通知客户接车时间 | 年　月<br>日　时 | 实际交车时间 | 年　月<br>日　时 |
| 客户评价 | □满意　□不满意 | 不满意原因:□服务接待　□服务环境　□维修质量　□维修时间<br>□备件保供　□维修收费　□产品质量 | | | | | |

本人确认以上内容与本人委托需求一致并已提车。　　　　　　　客户签字:

定期保养项目表　　　　　　　　　　　　　　　　　　　　　　　表 4-3

| 间隔里程 | 序号 | 项　目 |
|---|---|---|
| 5 000km | 1 | 更换发动机机油 |
| | 2 | 更换机油滤清器 |
| | 3 | 检查发动机润滑油油位 |
| | 4 | 检查发动机冷却液液面及渗漏 |
| | 5 | 检查制动液(离合器) |
| | 6 | 检查清洗液液面 |
| | 7 | 检查维护蓄电池 |

续上表

| 间隔里程 | 序号 | 项　　目 |
|---|---|---|
| 5 000km | 8 | 检查全车轮胎及充气压力 |
| | 9 | 检查助力转向油、助力转向管路和接头（必要时检修/更换） |
| | 10 | 检查是否渗油及磕碰（包括发动机、冷却液、变速器、转向系统、制动系统、空调系统、悬架系统、车辆底部八大部分） |
| | 11 | 检查燃油管路和软管（必要时检修/更换） |
| | 12 | 检查制动管路、助力软管和接头（必要时检修/更换） |
| | 13 | 检查全车电器 |
| | 14 | 检查张紧器及传动皮带（必要时更换） |
| | 15 | 检查盘式制动器（必要时更换制动摩擦片） |
| | 16 | 检查驻车制动器 |
| | 17 | 清洁空调滤芯 |
| | 18 | 清洁空气滤芯（必要时更换） |
| | 19 | 清洁发动机舱 |
| | 20 | 检查汽油蒸发系统（必要时检修/更换） |
| | 21 | 检查转向操作和拉杆 |
| | 22 | 检查自动变速器油及油面高度 |
| | 23 | 检查驱动桥防尘罩 |
| | 24 | 检查前后悬架及球头销 |
| | 25 | 四轮定位 |
| 10 000km | 26 | 节气门检查及清洁 |
| | 27 | 电脑检测故障代码 |
| 20 000km | 28 | 检查冷却系统（冷却液防冻能力） |
| | 29 | 检查蓄电池电解液及比重 |
| | 30 | 紧固底盘螺栓及螺母（必要时紧固/检修） |
| | 31 | 检查火花塞 |
| | 32 | 检查制动助力系统 |
| | 33 | 检查车身状态（生锈、腐蚀、穿孔） |
| 40 000km | 34 | 更换空调滤芯 |
| | 35 | 更换空气滤清器 |
| | 36 | 更换制动液 |
| | 37 | 更换燃油滤清器 |
| | 38 | 检查保养车门铰链 |

## 三、实训流程图(图4-3)

图4-3　车辆维修前准备流程图

## 四、实训步骤

1. 初步确定维修项目。

服务顾问根据客户反映的故障现象、底盘检查结果及自身的专业技能,初步确定维修项目,并记录在预检单上。

2. 邀请客户到接待前台。

话术:_____

_____

_____

_____

如果该客户是非预约客户,可以在适当的时机向客户推荐预约服务。完善的预约系统能有效地将维修业务平均分配到各个营业时间段,保证工作岗位有足够的时间接待每位客户,从而使维修企业工作更加有效和顺畅,大大提高客户满意度。

3. 解释维修项目。

1)服务顾问向客户说明所报故障生成的原因及故障处理方法。

话术:_____

_____

_____

2)解释维修客户所报故障的预估费用。

服务顾问向客户解释维修所报故障预估的备件费、工时费,客户同意维修后请他在预检单上签名确认。

话术:_____

_____

_____

3)检查汽车底盘。

服务顾问对需要进行底盘检查的车辆做检查,并记录在预检单中,然后依据记录结果,向客户通报检查结果。

话术:_____

_____

_____

4)增加维修项目。

服务顾问将底盘检查中发现的而客户自己没有注意到的维修项目,告知给客户,同时建议维修。如客户同意,需做好相应记录。

话术:_____

_____

_____

5)解释保养项目。

对于需要保养的车辆,先请客户提供保养手册。服务顾问找出符合车辆的定期保养表单,详细地向客户解释将对车辆进行的保养项目。

话术:_____

_____

_____

4. 解释初步维修所需费用。

服务顾问对初步维修所需费用进行估算,并将维修费用按备件费、工时费进行细化。

话术:_____

_____

_____

> **小 提 示**
>
> 对于某些维修项目,如果不能立即准确地估算出维修费用,需事先提醒客户总费用需在对车辆进行详细诊断后才能得出。

5. 估算车辆交付时间。

服务顾问根据车辆故障、备件库存情况、工作次序、维修工作负荷、车辆作业时间、维修车间工位使用状况等估算交付时间。

如果备件缺货,则应立即通知备件部门进行紧急采购,了解到货时间,在第一时间告诉客户,必要时可另行预约维修时间。服务顾问应与客户进行充分沟通后协商,在尽可能满足客户要求的前提下,商定车辆维修后的交付时间。

话术：_____

_____

_____

如果仓促地确定车辆交付时间，可能会给后续的工作带来哪些不便？

_____

_____

_____

6. 客户休闲安排。

1) 安排客户休息。

如果客户在店内等候，可以安排客户到休息室（图4-4、图4-5）休息，并为客户递上饮料。

图4-4　客户休息室1

图4-5　客户休息室2

2) 客户离店。

如果客户准备暂时离店，需将客户送出店外，并让客户先离开。

3) 其他安排。

如果客户不愿意去休息室休息，也可以介绍客户到销售展厅或精品区（图4-6）自由参观，让客户有更多机会了解本店和本品牌。

图4-6　精品销售展区

单元四 维修项目解释及派工

# 任务二 派 工

**【情景】** 小张是某4S店的服务顾问,该店的业务量较大,平均每天接车100台次左右,车间共有6个维修班组。店内一直采取由调度进行派工的方式,维修过程中的"好活"、"累活"有时会导致争抢或推诿的现象,工作分配不公平,不均衡。维修班组总是对派工有抱怨,认为派给别人的工作比派给自己的工作好,即便是调度分派得非常公平,维修班组也会常有抱怨。车间主管和售后经理为此都感到困扰。

派工是维修过程中的一个重要环节,通过合理的派工可以确保维修任务分配均衡,合理利用可用维修时间,避免出现不同班组之间工作量差异过大的现象。此外,对部分特殊维修作业给予优先安排,提高客户满意度。

在派工过程中,派工人员需要了解维修工作类别、工作复杂程度及标准作业时间才能进行妥善的派工,同时也要考虑相关维修班组及个人的技术水平,一方面减少客户的等候时间,减少投诉,另外一方面也可以尽量避免因为技术水平不够引起返工、返修等事故。

## 一、任务描述

客户王先生几天前预约今天上午十点来店进行定期保养作业,并按时到店。服务顾问小李接待了王先生,在确认维修项目之后,小李安排王先生休息,等候维修保养结束,并安排王先生的车辆进入车间进行维修。

## 二、学习准备

1. 知识准备。

服务顾问在服务接待过程中,与客户一起确定服务项目,然后以《委托维修派工单》的形式交车间主管或调度员安排车辆维修工作(表4-4)。在派工过程中要确保维修任务分配均衡,合理利用可用维修时间,不应出现同工种不同班组工作量差异过大等现象;对于某些车辆要考虑优先安排;要掌握专营店维修工厂总体可利用的维修工作时间;掌握各维修班组可利用的维修工作时间,保证均衡安排工作;另外也要了解维修工作类别、工作复杂程度及标准作业时间,妥善地派工。

派 工 看 板　　　　　　　　　表4-4

| 时 间 | 机修一组 | 机修二组 | 机修三组 | 钣金一组 | 钣金二组 | 喷漆一组 | 喷漆二组 |
|---|---|---|---|---|---|---|---|
| | 4S 店 派 工 看 板 | | | | | | |
| 9:00～10:00 | 粤A 54321 | | | | | | |
| 10:00～11:00 | 粤A 12345 | | | | | | |
| 11:00～12:00 | | | | | | | |
| 12:00～13:00 | | | | | | | |
| 13:00～14:00 | | | | | | | |
| 14:00～15:00 | | | | | | | |
| 15:00～16:00 | | | | | | | |
| 16:00～17:00 | | | | | | | |
| 17:00～18:00 | | | | | | | |

1)客户对于维修环节的关注点是什么？

_____

_____

_____

_____

2)派工时需要考虑哪些因素？

_____

_____

_____

_____

3)哪些工作内容可以优先派工？

_____

## 单元四 维修项目解释及派工

2. 工具、表单准备。

预约登记表、预检单、定期保养工单、预约排班表、派工单等。

## 三、实训流程图（图4-7）

图4-7 派工流程图

## 四 实训步骤

简单保养的车辆属于快修还是非快修车辆？

1. 查询并确定工位。

通过店内车辆派工看板或 DMS 系统查看店内工位安排情况。

预约车辆和非预约车辆在确定工位时有什么区别？

2. 分配工位。

了解车间工位占用情况（图 4-8），确定工位是否已满。

图 4-8　车间工位

## 单元四 维修项目解释及派工

工位未满,应该怎样安排?

工位已满,应该怎样安排?

3. 把派工信息输入 DMS 系统。

服务顾问在 DMS 派工界面将预估的作业起止时间输入系统内。派工信息包括车号、服务顾问、剩余交车时间等信息,并将派工信息贴在派工看板上。

4. 移动车辆。

将车辆移入车间(图 4-9),进入已安排的工位,准备开始进入作业。

图 4-9 车辆驶入待维修工位

> 如果工位上仍有未完工车辆,应该怎样安排?

5. 车辆准备开始维修。

# 实 训 指 导

## 实训项目1　维修项目解释

一、实训准备

1.需要准备哪些工具和表单?

2.话术准备包括哪些方面?

二、实训过程

1.情景说明。

(1)预约车辆将于下午两点到店;客户名:张××;车牌号:粤A×××××。

(2)项目:5 000km常规保养,解决刮水器异响。

(3)接待位充足,服务顾问有空。

2.演练内容。

解释常规保养作业项目,解答客户疑问。

3.参与角色。

服务顾问、车间主管、零部件人员、诊断技师。

4.道具。

预检单、快修车辆派工看板、派工单、工单架、零部件、预约料架。

5.实训要点。

1)分组:每组6~10人。

2)角色分配:组员分别扮演服务顾问、车间主管、零部件人员、诊断技师。

3)注意了解客户反映的问题。

4)点评:学生评委点评,教师讲评,并总结出标准话术做参考。

## 实训项目2　派工过程演练

一、实训准备

1.是否已经了解了派工的注意事项?

_____

_____

_____

2.派工的工作可以交给哪些人负责?

_____

_____

_____

二、实训过程

1.情景说明。

1)非预约车辆在一般接待工位,已完成环车检查工作。

2)工作项目 40 000km 保养,需更换左前减振器。

3)车间维修工位已满。

2. 演练内容。

派工流程及维修工位已满状况的应对。

3. 参与人员。

服务顾问、调度员、客户、班组长。

4. 道具。

车辆、快速服务单、作业卡。

5. 实训要点。

1)分组:每组 6~10 人。

2)角色分配:组员分别扮演服务顾问、调度员、客户、班组长等。

3)点评:学生评委点评,教师讲评,并总结出标准话术做参考。

# 练　　习

一、问答

1. 维修项目解释不清楚可能产生什么后果?

2. 遇到多次返修客户,在派工时应该注意什么?

3. 客户休息室可以为客户安排哪些休闲项目?

4. 遇到客户描述的故障现象很奇怪时,应该怎样解决?

5. 将精品部放在客户接待室门口有什么好处?

二、话术练习

1. 在客户休息室里,提供饮料给客户选择时应该怎样说?

2. 客户刘先生的车辆是返修车辆,在派工时,车间调度将车辆派回给原维修班组,客户看到后不同意,服务顾问应该怎样跟客户解释?

3. 在服务顾问对车辆进行接车环车检查时,客户在旁边不高兴地说:"快点吧,不用检查得那么细致,有问题我也不会让你负责的。"这时服务顾问应该怎样回答客户?

# 单元五 维修服务及完工检查

**学习目标**

1. 熟悉汽车维修作业过程；
2. 能追加维修项目；
3. 能检查并确保维修质量；
4. 能跟客户一起进行环车检查。

客户到4S店来，主要目的是及时修好车，但同时也期望能得到令人满意的其他服务。能否快速地解决客户的疑难，保证良好的维修质量，是客户对4S店是否有信心的关键要素。但对于很多客户来说，完成车辆的正常维修项目只是整个服务过程中的基本要求，如果4S店还能对车辆外观、车况等方面进行关注，很有可能超出客户的期望值，提升客户的满意度。

随着入厂维修车辆的不断增加，多数汽车维修企业还是重视接待车辆而淡化交付车辆，并且在维修后的交车环节上缺乏相应的管理经验、管理手段。这导致服务顾问经常与客户在交车环节上发生不愉快的事情，引起部分客户的置疑或不满。为了保证服务顾问接待工作的质量与效率，提高客户的满意度，向客户提供物超所值的服务，服务顾问应在联系客户取车之前，从客户的角度对车辆做好交车前的服务质量检查工作(图5-1)。

图 5-1 客户对维修过程的期望

## 任务一 维修服务

汽车售后服务的本质,就是对客户的车辆进行及时与可靠的技术支持与相关服务。完美的服务理念与服务热情以及严谨的服务流程,始终如一才能赢得客户的信赖。在维修作业环节,客户通常希望4S店能够高质量地一次性修复车辆故障,并且在维修过程中如果发现潜在的故障,能够及时地提出维修增项建议,尽量保证车辆的各项性能。

维修作业过程历来是汽车维修投诉的重点,这也是客户对于车辆维修保养的核心期待。近年来,由于汽车销量大幅度增加,4S店的维修保养量也随之迅速增长,对于汽车维修专业人才的需求量也大增,但是随之带来的问题就是维修工的素质良莠不齐,部分维修工只会换零件,这也就使维修质量难以保证,导致多次返修(图5-2)。因此,客户普遍希望能找到一个满意的维修技师,能够快速地解决自己车辆遇到的所有问题。

图 5-2 多次返修的车辆

## 单元五 维修服务及完工检查

### 一、任务描述

客户王先生来4S店进行5 000km常规保养作业,服务顾问小李接待了王先生,车辆目前已经进入车间准备进入维修作业阶段(图5-3),即将进行维修服务作业。

图5-3 汽车进入待修工位

### 二、学习准备

1. 客户在维修作业阶段的期望值是什么?

_____

_____

_____

2. 打印维修委托书后为什么服务顾问要向客户解释维修费用为预估费用?

_____

_____

_____

_____

3. 如果不征询客户的意见，擅自处理更换下来零部件会产生什么后果？

_____

_____

_____

4. 如果客户要求参与或现场观看维修保养过程，应该怎样对客户解释？

_____

_____

_____

_____

5. 工具表单准备：

维修委托书、定期保养工单、预约排班表、三件套。

## 三、实训流程图（图5-4）

图5-4 维修作业流程图

## 四 实训步骤

1. 作业前准备。

1）保护车辆。

车间维修人员确认车辆是否已安装防护套件。如果需要打开发动机舱进行检查，维修操作前必须在翼子板上加装翼子板护垫（图5-5）。

2）维修前准备工作。

（1）维修人员详细阅读《预检单》和《维修委托书》，了解维修项目以及故障处理方法。

（2）维修人员据《维修委托书》上的备件编号到备件仓库领取备件。

（3）查阅/了解维修工艺和相关工具，选择工具及设备。

3）作业管理系统看板管理。

在作业看板上标注"车辆维修进行中"，并标注"车号"，"维修工位"，"剩余交车时间"等信息。

2. 作业实施。

在对车辆进行检查前，维修技师先要对发动机舱内的机体和零部件进行除尘、清理（图5-6），然后对照保养单的项目，开始对车辆进行各项检查（图5-7）。在对车辆进行维修作业时，要注意保持工位整洁，注意车辆的特殊要求，妥善处理换下的零部件。

图5-5 安装翼子板护垫

图5-6 维修前的清洁

1）检查发动机舱（图5-8）。

2）检查底盘（图5-9）。

图 5-7　开始维修保养作业

图 5-8　检查发动机舱

图 5-9　检查底盘

3）检查轮胎（图 5-10）。

4）检查灯光（图 5-11）。

3. 监控进度。

服务顾问应随时关心客户车辆的维修进度，监控电子管理板（图 5-12）上车辆的预定完工时间。随时主动确认工位的车辆，是否能按作业管理系统看板上车辆的预定完工时间如期完工。作业中发现可能延迟完工时，应及时向班组长反映，请求支援。定将延迟完工的,班组长应向服务顾问反映。服务顾问应做以下应对:调整作业管理系统看板上的预定完工时间,及时与客户联系,向客户致歉,解释原因,取得其同意。

图 5-10　检查轮胎

图 5-11　检查灯光

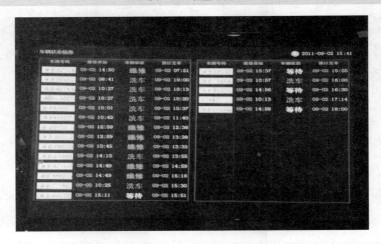

图 5-12　维修进度看板

4. 追加维修项目。

维修人员在维修过程中，如果发现新的维修内容时，应将追加项目的原因及时间立即向车间主管报告，并填写追加项目报价单。车间主管确认后，迅速将具体的追加原因、项目及时间等信息反馈给服务顾问，进入追加流程。

1）服务顾问在第一时间通知客户追加维修项目，如果客户同意追加维修，则需要客户签名确认并记录在维修委托书上。

话术：_____
_____
_____
_____

如果客户不在现场，可以通过哪些方式确认同意维修增补项目？

话术：_____
_____
_____
_____

2）服务顾问应对追加维修项目及时向客户进行说明，并对所要完成的维修重新报价，解释交车时间延长等问题。

对涉及安全隐患的维修项目，请客户在维修委托书对应栏框签字，并友情提示客户注意该处故障的变化，建议下次维修处理。

在没有获得客户对新的增补维修项目意见的情况下，维修人员不要进行任何增补维修工作。

5. 跟踪维修进度。

服务顾问与车间调度保持紧密联系，及时掌握所接待车辆维修进展情况，不定期地向客户通报，并询问客户是否还有其他要求。

如发生维修时间延长或有增补维修项目时，服务顾问应于现场及时向客户说明或电话告知询问客户的处理意见。

维修人员在车辆维修完毕并自检合格后，将车辆和钥匙以及全部的工作单据交给车间调度，由其安排维修质量检查。

6.完工检验。

确认维修部位拆卸或调整后部件，如：螺丝、插头等；对涉及行车安全的部位应逐项确认；在作业卡的班组长检查栏内请班组长签字；班组长以扫描仪刷工单条形码及班组条形码或以手动输入。作业管理系统看板仍显示"维修进行中：车号，维修工位，剩余交车时间"。

**可感知维修**

如果发生任何打开发动机舱的检查或维修作业后，必须对发动机舱可见零部件表面进行除尘处理，并使用棉纱布处理干净。

对于客户自费维修项目，并希望看到或收回更换下来的零件，维修人员应将旧件装入袋中，放置在车辆行李舱内。

请问可感知维修的好处是什么？

## 任务二 维修质量检查

故障能否被一次性排除，而且不需为车辆维修问题操心，是客户来店后最关心的重点，也是客户最基本的期望。4S店在管理上若能重视完工检查，对维修质量严格把关，必能获得客户的信赖，赢得客户的好评。

车辆维修质量是汽车维修企业赖以生存的重要目标，维修质量监控得好坏，将直接影响到企业品牌的提升。好的车辆维修质量是企业品牌的生命，车辆维修质量差的，企业必然走向衰败。所以，企业在经营过程中必须提高车辆故障一次性修复率，减少返修，进而提升客户满意度。

## 一、任务描述

客户王先生的车辆已经完成了 5 000km 常规保养作业。在车辆交付给客户之前，车间要监控维修作业质量，避免出现返工或返修现象，以提升客户满意度。

返工：返工是指车辆没有出厂前或者没有交付给客户前因为质量问题而进行的重复修理工作。

返修：返修是指车辆交付给客户，使用后发现质量问题而导致的返厂修理。

返工和返修最大的区别就在于车辆是否已经交付给客户使用。

## 二、学习准备

1. 为什么车辆交付前还需要对其进行维修质量检查？

_____

_____

_____

2. 客户对完工检验过程的期望是什么？

_____

_____

_____

3. 工具表单准备：
派工委托书、定期保养工单、维修保养质检单。

## 三 实训流程图（图 5-13）

图 5-13　维修质量检查流程图

## 四 实训步骤

首先检查派工委托书的完成情况，维修车间必须安排专门人员监控维修质量，服务顾问应根据派工委托书的维修内容检查车辆的维修完成情况，确认维修项目全部完成，需更换的零部件已全部更换；然后再检查车辆外观；最后在交车前，服务顾问必须检查车身是否清洁、内饰是否清洁、有无损坏，轮胎气压是否符合要求等。

1. 检查维修质量。

维修、保养完毕的车辆，在交付客户之前必须全面检查维修质量。

1) 维修工自检：维修工对照派工委托书上的维修保养项目或故障内容，逐一检查是否完成，尤其是客户要求的服务项目是否完成。完成质量检验后，在派工委托书上签字，将派工委托书、更换的备件（随车）、车钥匙交给班组长。

2）班组长检验：班组长按照派工委托书记载的内容，对所完成的维修项目进行检验，并核对有无遗漏的服务项目，重要修理、安全性能方面的检修、返修等应优先检验。当发现有问题时，必须采取措施进行纠正，并把检验结果反馈给维修技工，避免再次出现同样的问题。完成质量检验后，在派工委托书上签名。

3）质检员检验：按照派工委托书记载的维修项目进行检查，逐一核实派工委托书作业内容是否全部完工，重新确认《预检单》的记载有无错误，检查外观有无损伤，检查维修技师作业文件。若维修技师填写的《派工委托书》的内容不完全，质检员应要求其修改。

2. 维修质量检查记录。

1）质检员检验完成后，将检查结果如实地记录在《维修质检单》上，并签名，如图5-14所示。

图5-14 维修质检单

2）对不符合派工要求的维修项目或已完工但不符合维修技术标准的维修项目，则需要返工，在"车辆第一次检查"中记录"坏"，同时记录"返工描述"，并将车辆和单据交给车间调度,由其安排维修技师对不符合项目实施返工。

3) 填写《重复维修分析表》,服务经理利用该表分析返修原因,提出返修预防措施。

4) 对返工维修的车辆,仅对返修项目进行再次检查,合格后在"返工后检查合格"栏处签名。

5) 对所有维修质量检查合格的车辆,应依据本次维修情况,填写《维修保养质检单》(图5-15)和维修建议,并签名。

维修保养质检单

_____先生/女士

■对于您在_____年____月____日报修/保养的车辆(车牌号:_____),我们已经完成所有项目(派工单编号:_____)。

经过检查,我们确认此次维修保养符合东风雪铁龙售后工艺的标准。

■在维修操作过程中,我们建议该车还应进行下列操作:

尽快进行_____

STOP 50m

还需进行_____

STOP 150m

维修预约请致电给_____先生/女士

电话号码(Tel):

■您车辆下次保养里程在_____km。

■您车辆的年检期限在_____,建议提前一个月到_____作一次预检查以确保顺利通过年检。

感谢您对我们的信任。

网点名称:_____  网点编码:_____

质检员:_____  日期:_____

备注:为了改善我们的服务质量,由××公司授权的调查机构可能通过电话与您联系,届时希望您给予大力协助!

图5-15 维修保养质检单

6）将质检合格后的车辆和钥匙以及全部工作表单交给车间调度，由其根据《派工委托书》上"客户意见"安排清洁人员对车辆进行清洗作业，并通知服务顾问。

3. 车辆清洗（图5-16）。

图5-16　自动洗车房

1）将车辆移至洗车区，并将钥匙交给洗车组长。

2）洗车组长根据现场状况安排车辆清洗作业顺序，向洗车人员强调清洗工作的特别注意事项。

3）将车辆清洗信息输入DMS系统，在车间电子显示屏上显示。

4）完成车辆清洗后将检验车辆清洗效果，并将清洗完工信息输入DMS系统，准备将车辆移至竣工区。

车辆清洗干净的标准是什么？

# 实 训 指 导

## 实训项目1　追加维修项目

### 一、实训准备

1. 客户可以通过哪些途径了解车辆维修进度？

_____
_____
_____

2. 服务顾问为什么要跟进维修进度？

_____
_____
_____
_____

### 二、实训过程

1. 情景说明。

1）预约车辆粤 A ××××在维修进行中。

2）在维修进行中需追加维修项目，必须延后40分钟交车。

2. 演练内容。

维修作业流程的跟进及追加项目的应对。

3. 参与角色。

服务顾问、车间主管、班组长、维修技师、客户。

4. 道具。

车辆、追加项目报价单、作业卡、作业管理系统看板。

5. 实训要点。

1）分组：每组6~10人。

2）角色分配：组员分别扮演服务顾问、车间主管、班组长、维修技师、客户。

3)客户可以选择在店内等候或离店等候。

4)点评:学生评委点评,教师讲评,并总结出标准话术做参考。

## 实训项目2 洗 车

一、实训准备

1.是否已经做好了洗车前的准备工作?请再检查确认一次。

_____

_____

_____

2.洗车过程中应注意哪些问题?

_____

_____

_____

二、实训过程

1.情景说明。

1)车牌号为粤A×××××的车辆已质检完毕,停放在完检工位上。

2)作业卡上注明需要洗车,预计交车时间为三点半。

3)洗车组长明确告知移车人员现在等待洗车的车辆较多,可能需延后20分钟。

2.演练内容。

移车人员如何进行清洗前交接、车辆交接、清洗后交接。

3.参与角色。

移车人员、洗车组长、服务顾问。

4.道具。

快速服务单、作业卡、车辆粤A×××××、车辆清洗记录表。

5.实训要点。

1)分组:每组6~10人。

2)角色分配:组员分别扮演移车人员、洗车组长、服务顾问等。

3）点评：学生评委点评，教师讲评，并总结出标准话术做参考。

## 练　习

一、问答

1. 如果4S店安排实习期的你洗车一个月，你怎样看待？
2. 接车与交车哪一个更重要？为什么？
3. 如果遇到多次返修而大吵大闹的客户，服务顾问应该怎么做？

二、话术练习

如果客户的车辆因为零件未到货而需要在厂停留多日，应该怎样跟客户解释维修进度缓慢？怎样安抚客户？

三、综合题

1. 在维修中，服务顾问、车间主管、维修技师、技术总监、备件部分别有什么职责？

2.【案例分析】一位女客户在离开4S店后大概10分钟打电话给4S店，客服小张接听了这位女士的电话。在电话里，女客户听起来非常气愤，反映说在刚才维修结束之后，4S店没有认真清洗车辆，只是清洗了车外，但是车内完全没有清洗。小张询问这位女士的资料，这位女士没有回答，依然非常气愤地描述车辆的状况，并且表示自己正在开车，如果不是有急事的话一定要把车开回4S店给其他客户和服务顾问看，以确认自己没有说谎。

如果你是小张，你应该如何安抚这位客户，并对客户反映的问题做出回应？

# 单元六
## 维修交付及引导客户离店

**学习目标**

1. 掌握维修后的验车要点；
2. 能够对维修项目和费用做出解释；
3. 能够完成车辆交付；
4. 掌握送客技巧。

维修交付，是维修接待员与客户接触的重要环节。对维修接待员来说，可能要为交付工作做较长时间的准备。在这个环节中，维修接待员要注意以下问题：

在通知客户交车以后，首先要开出费用清单。当客户来取车的时候，维修接待员必须热情地迎接客户，特别是对那些维修项目比较繁多的客户，更要表现得热情。

其次，向客户详细解释工作的完成情况，尤其要向客户详细说明维修/保养和费用的内容。比如我们做了什么工作，哪些是免费的等等。还要说明已经对车辆进行了全面的质量检查。

再次，要向客户指出车辆依然存在的问题，指出这辆车以后还有什么毛病必须修理，只是现在不是很紧急，可以留到下一次进行修理，并对该车辆下一次的保养时间提出建议。所以在这个时候，也是维修接待员与客户产生另外一个新的预约的时机，维修接待员应当尽量借此机会争取新的预约。

# 单元六 维修交付及引导客户离店

最后，引导客户到收银台结算维修费用，为其开具发票。不要忘记感谢客户对你工作的关照，并且在完成一系列剩余的交车手续后，送客户离开。

而在交车过程中，客户希望服务顾问能够清楚地解释费用组成，并陪同客户至财务收款处协助结算，财务开具发票迅速，项目详细，数目准确，价格透明，并能提供适当的优惠。客户希望收到一辆干净的、故障已彻底清除的车辆，并有人协助其顺利离开（图6-1）。

图 6-1　客户对维修交付环节的期望

## 任务一　验车结算

【情景1】　小林是某4S店新招收的一名服务顾问。在一次接待客户的时候，由于等候的客户较多，小林没有仔细对车辆进行环车检查，忽略了一处划痕，在完成维修后陪同客户一起验车时，客户发现了这处划痕，并且认定这处划痕是在维修过程中造成的。按照店内规定，小林在接车问诊单上没有仔细检查，注明此处划痕，所以修复费用由小林承担，小林只能无奈地接受，但是同时他也告诉自己以后绝对不能再出这样的问题。

【情景2】　今年3月份，陈先生的车子遇到刮蹭。陈先生把车子送到4S店进行维修。几天后，当他提车时却发现，按照保险公司的验损要求，4S店应该对车辆的前保险杠进行更换，而且维修清单上也显示"前保险杠已更换"。可实际上，陈先生发现，保险杠只是经过维修和喷漆，并未更换。陈先生找到4S店维修人员，经过检查确认，4S店告诉陈先生是工作人员因为疏忽将"更换"当成了"维修"。陈先生觉得不能接受这个答复，对该店非常不满意。

验车是维修后服务顾问陪同客户对车辆进行检查的过程，主要目的是检查维修项目是否已完成及完成情况,同时也要确认车辆外观及内饰是否与进厂时一致。另外,目前很多4S店的客户流失现象较为严重,其中客户对维修费用不满意所占的比例很大,因此在交车时如果能够对维修项目及费用做出充分的解释,获得客户的理解和信任,提高客户的满意度,对于维持客户的稳定性会起到很大的作用。

维修接待人员通知客户提车前要做好相应的交车准备:车间交出竣工验收车辆后,维修接待人员要对车做最后一次清理、清洗、清理车厢内部,查看外观是否正常,清点随车工具和物品,并放回车上。结算员应将车辆全部单据汇总核算,此前要通知、收缴车间与配件部有关单据。一切准备工作完成之后,维修接待人员再通知客户前来接车;如不能按期交车,也要按约定的时间或更早些时间通知客户,说明延误原因,争取客户谅解,并表示道歉。

## ● 任务描述

一个半小时前,4S店将客户王先生的车安排给快修一组进行保养,按照计划应该已经完工了。服务顾问小李到车间看了一下进度板,发现确实已经完工。于是小李回到办公区,打电话给王先生通知他可以提车了。王先生来到维修前台后,小李陪同王先生一起完成验车结算,半小时后,送王先生离店。

## ● 学习准备

1. 了解客户期望值。

在验车结算时,客户有什么期望?

_____

_____

_____

2. 接待准备。

作为维修接待人员,在交车前要做好哪些接待准备?

_____

## 单元六 维修交付及引导客户离店

**3. 话术准备。**

交车前,维修接待人员应如何与客户预约交车时间?在维修内容和费用解释及开具发票过程中,遇到客户异议时维修接待人员应该怎样应对?

_____

_____

_____

_____

**4. 工具表单准备。**

电话、施工单(预检单)、结算单、车钥匙、行驶证、保养提醒卡。

## 三、实训流程图(图6-2)

图6-2 验车结算流程图

## 四 实训步骤

**1. 将车辆移交前台。**

洗车班组将清洁后的车辆停至"车辆竣工区",并将全部工作表单及车钥匙移交给该车辆的服务顾问。

负责移交车辆的人应该具备什么条件?

**2. 车辆交付检查。**

1)检查车辆。

(1)服务顾问接到车辆后,首先应检查确认车辆内、外清洁度,除车辆外观洁净外,还应做到无灰尘、油污,不遗留抹布、工具、小零件等,烟灰缸清洁。

(2)确认旧零件按照客户的要求处理,如果客户要求带走,要装入塑料袋并放置在行李舱。

(3)座椅位置、电台频道、灯光等要恢复到维修保养前的状态,时间要准确。

2)确认书面工作。

(1)检查派工单,确保客户要求的所有维修/保养项目以及经客户同意增补的建议维修项目都已得到了维修和解决(察看维修完成时间、维修技师签名)。

(2)检查派工单背面,确保车辆所有维修项目都已经经过质检,并签字确认合格。核对维修费用,包括备件费、工时费。

**3. 打印结算单。**

(1)通过 DMS 系统打印结算单(表6-1)。

(2)在保修手册中记录已进行了的保养项目,并加盖4S店印章。

(3)在与客户商定的交付车辆时间前,面带微笑、礼貌地通知客户准备提车。

结 算 单　　　　　　　　　表 6-1

| 修理号 | | | | |
|---|---|---|---|---|
| 使用者 | | | | |
| 电话 | | | | |
| 地址 | | | | |
| 牌照号 | | 内饰颜色 | | |
| 车架号 | | 车体颜色 | | |
| 车型 | | 来店日期 | | |
| 里程数 | | 预定交车日期 | | |

公司名称：
地址：
电话：

| 定期保养 | 一般修理 | 下次保养提示 |
|---|---|---|
| | | 保养里程 |
| | | 预计日期 |

| 序号 | 作业项目、零件名称、其他费用 | 操作类型 | 数量 | 零件费用 | 工时费 | 其他费用 |
|---|---|---|---|---|---|---|
| 1 | 提供对用车有帮助的建议 | | | | | |
| | 1) 预约优先服务：提前一天致电预约，可享受优先服务，欢迎拨打预约电话：020－××××××× | 提醒 | | | | |
| | 2) 旧件展示：更换的旧件在交车时作展示或归还。"旧件已展示"，客户签名：_____ | 提醒 | | | | |
| | 3) 车辆清洗：保养维修后的车辆会做内外清洁 | 提醒 | | | | |
| | 4) 三天内回访：方便回访的时间：_____ | 提醒 | | | | |
| 2 | 5 000km 定期保养 | 保养 | | | | |
| | 按保养维修手册制定项目操作 | 检查 | | | | |
| | 更换机油/机油格/放油口垫 | 更换 | | | | |

合计金额：_____

| 备注： | 预算费用：_____ |
|---|---|
| | 工时费合计：_____ |
| | 零件费合计：_____ |
| | 其他合计：_____ |
| | 工时费折扣：_____ |

| 发票类型 | | 发票编号 | | 结算金额：_____ |
|---|---|---|---|---|

| | 估价 | 机修 | 钣金 | 喷漆 | 完检 |
|---|---|---|---|---|---|
| 1. 保修规定：_____。 2. 原则上不允许自带配件，车主自带配件，本店不作保修。 3. 欢迎您对我们的服务提出宝贵意见，服务监督电话：_____ | | | | | |

| 话　术 | 问　题 |
|---|---|
| 小李:王先生,不好意思,让您久等了。您的车辆已经维修并清洗完毕。请您到前台来验车吧。<br>王先生:好的。 | 服务顾问在引导客户时,应如何注意肢体语言? |

交车时间的安排

当承诺客户交车时间的时候,必须把他们的交车时间错开。因为每次交车,都至少需要15分钟的时间来接待客户。虽然有些简单的交车可能在5分钟内就完成了,但是有一些客户疑问多、维修项目多,就必须解释得比较多,15分钟的时间可能也比较紧张。这样,如果你答应很多客户都在同一时间来取车,势必会造成混乱。

4.陪同客户验车。

客户到达前台后,服务顾问应陪同客户到交车区。

1)首先,向客户说明每个维修/保养项目的工作过程及结果、故障原因分析及故障处理方法、更换的零件。如有必要,还要陪同客户一起进行路试。

2)其次,向客户详细说明维修费用、总费用、总零件费、总工时费,每项工作分别包含的零件费、工时费、优惠或免费费用(套餐项目、保修项目、召回行动项目等)。

3)再次,依据保养表单,对保修手册上的记录进行说明,简要介绍保修条款和定期维护的重要性。

4)然后,向客户介绍增值服务项目,说明哪些项目已经完成并且是免费的,比如优惠活动等。

5)最后,利用维修保养质检单,向客户建议近期要做的维修保养项目,并提醒客户下次保养的里程或时间。

| 话　术 | 问　题 |
|---|---|
| 小李:王先生,您请看,我们已经为您的车辆做了一个人工清洗。 | 1.服务顾问在维修内容、费用等解释的过程中,要注意抓 |

单元六 维修交付及引导客户离店

王先生：嗯，不错，很干净！

小李：王先生，这次的维修保养我们更换了机油、机油滤清器；同时对车辆的十一个项目进行了检查和调整。现在发动机舱正常，对空气滤清器和座舱空气过滤器也进行了清洁。各个液面都保持正常。我们的维修技师还对车辆电脑进行了诊断，一切正常，并且还对车辆的保养提示做了初始化。您看，还有其他要求吗？

王先生：没有了。

小李：根据您日常的行驶里程，您下次的保养时间大约在三个月后，到时候我们的服务预约专员会主动联系您，这样可以吗？

王先生：嗯，好的。

小李：王先生，我们将在三天内对您就本次维修情况做一个电话回访，您看什么时间合适呢？

王先生：星期三下午吧。

小李：好的。王先生，您这次维修保养的费用一共是1 900元。

王先生：没问题。

小李：这是这次维修的结算单，如果没其他问题，请您在这里签字确认。

王先生：好的。

小李：请问您是付现金还是刷卡？

王先生：刷卡。

小李：王先生，我已经把下次保养的里程和时间写在您的保养手册上，请您收好。如果没什么问题，现在我陪您一同去结账，好吗？

王先生：好的。

住什么要点，以便客户对维修效果予以确认？

2. 若客户明确表示不要打电话回访时，应如何确认其他回访方式？

3. 服务顾问在向客户展示旧件时，要注意什么细节？

这个时候,如果能够把换下来的零件拿出来展示给客户看的话,就会使客户更满意。当然,这里指的零件是比较小的零件。在修完车以后,把那些零件放到塑料袋里面,当客户来的时候,拿出来告诉客户,这个零件哪里坏掉了,这样客户就会更信任你。

5. 维修费用结算。

1) 请客户在结算单上签字确认。

2) 向客户说明付费方式(现金、刷卡),并获得客户认可。

3) 引领客户去结算车辆维修费用。

4) 开具发票(仅指自费,保修项目、召回项目等除外)。

6. 陪同客户结算。

服务顾问陪同客户到收银台,告知结算员客户付款方式。结算员核对作业卡/快速服务单,结算清单,确认客户付款方式,结算。之后将发票、结算清单客户联及信用卡存根放入信封,双手递交客户。

| 话　术 | 问　题 |
| --- | --- |
| 小李:小孙,这位是王先生,请帮他结算相关维修费用,刷卡支付。<br><br>财务小孙:您好,王先生,您这次维修保养的材料费是1 600元,工时费是300元,总共是1 900元。<br><br>王先生:好的。<br><br>小孙:请出示您的银行卡,并输入密码。<br><br>小孙:请在这里签字,谢谢。<br><br>王先生:好的。<br><br>小孙:感谢您到我们4S店,这是您的发票及相关单据,请收好。谢谢您的惠顾,祝您一切顺利。<br><br>王先生:多谢。 | 在结算环节,财务人员要注意什么问题?比如如何递送发票? |

单元六 维修交付及引导客户离店

## 任务二 交车送客

**【情景】** 维修接待员小唐的客户钟先生的车已经在车间维修好,小唐收到信息后预约钟先生于第二天上午 10:00 点交车。第二天一早,小唐及时做好一系列交车的准备。9:55,小唐接待了依约来店的钟先生,随后帮他办理了结算及交车手续。10:15,小唐送钟先生离店。

在交车环节,维修接待员就要代表公司去和客户交涉和沟通。交车送行环节是同客户面对面交流的最后一个环节(图6-3),若不能让客户满意离店,则服务顾问很难有机会再弥补。车辆交付环节甚至比接待环节更加重要,若让客户满意离店就能提高客户下次进站的机会,为店里留住一批忠诚客户。

图6-3 客户对车辆交付的期望

## 一 任务描述

服务顾问小李帮客户王先生办理了维修车辆的结算手续,随后陪同客户到交车区当面交车。小李取下防护三件套,记录交车结果并送客户离店,然后回工作台将维修工单归档。

## 二 学习准备

1. 知识准备。

作为维修接待人员,在交车前要注意哪些细节?

2. 接待准备。

作为维修接待人员,在交车时要做好哪些说明?

3. 话术准备。

维修接待人员在交车时,要在语言话术及肢体语言方面注意哪些细节?

4. 工具表单准备。

发票袋、保养提醒卡、接车工单夹板、维修手册、车钥匙。

## 三 实训流程图(图6-4)

图6-4 送客流程图

## 四 实训步骤

1. 引领交车。

1）客户付款后,将所有单据(派工单、保养表单、维修保养质检单、结算单、发票)放入发票袋中,同保养手册一并交给客户。

2）陪同客户前往车辆竣工区。

| 话　　术 | 提　　示 |
|---|---|
| 小李:王先生,这是您这次维修保养服务的所有单据,请收好。<br>王先生:谢谢。<br>小李:不客气,我们这就去车辆交付区吧。这边请。 | 注意:微笑、目光、站姿、走姿、手势、敬语。 |

2. 交车说明。

1）向客户确认更换下来的旧零件或部件(保修件除外),并询问处理方法。

2）向客户说明已做的调整(如时钟、电台频道、灯光调整等)。

3）向客户说明车上某些配置可能被调整过,请客户自行调整(如座椅、反光镜、空调控制等)。

4）将车钥匙交还客户。

| 话　　术 | 问　　题 |
|---|---|
| 小李:王先生,维修时拆除的减振器,我们已经给您放到行李舱里了,您看。<br>王先生:哦。<br>小李:请问,您是将这些旧件自己带回去呢,还是由我们帮您处理?<br>王先生:我带回去吧。<br>小李:好的。另外,不好意思,由于维修工作需要,您车上的座椅、反光镜或者空调控制有可能做 | 旧件的包装要注意什么? |

| 过微调,请您按照您的驾驶习惯调整回原位,请多包涵! | |
|---|---|
| 王先生:没关系,我自己会调整。 | |

3. 意见征询。

1)征询客户对本次服务的整体感觉以及意见和建议,做好记录,同时表示感谢。

2)向客户说明如有任何问题可与服务站或服务顾问本人联系,并递送名片(如条件成熟,在征得客户的同意下,于车辆驾驶室内方便处粘贴服务站电话服务热线)。

| 话 术 | 提 示 |
|---|---|
| 小李:王先生,您对我们的这次服务还满意吗?您有什么意见和建议请告诉我,今后我们会努力做得更好。<br><br>王先生:很好,我很满意。<br><br>小李:谢谢您对我们工作的肯定。三天后,我们的客服代表将对您进行回访,主要是询问车辆维修后的使用状况,到时还请您给予配合。<br><br>王先生:好的。<br><br>小李:王先生,这是我的名片,以后有任何需要您可随时拨打我店的服务热线或我的电话,我的电话是24小时开机的,希望您能继续支持我们的工作。<br><br>王先生:好的,这次很感谢你。<br><br>小李:不客气,这是我应该做的。 | 注意:微笑、目光、站姿、走姿、手势、敬语。 |

4. 与客户道别。

1)当着客户的面,取下车辆防护三件套。

2)将客户送到服务站门口,并致谢。如有必要,还应引导客户将车开到行驶道上,并目送客户离开(图6-5)。

单元六　维修交付及引导客户离店

图 6-5　送客离店

**注意**

要避免以下情况：车辆没有洗干净；客户出门时没有人服务；没有出门条，客户不能顺利离开；车被堵住了，客户不方便进出。

| 话　术 | 提　示 |
| --- | --- |
| 小李：王先生，让我来把防护用具拆掉吧。<br>王先生：好的，多谢。<br>小李：感谢您的光临，我替您去交放行条。路上注意安全，祝您生活愉快！<br>王先生：谢谢。<br>小李：再见！<br>王先生：再见！ | 1. 打开车门时，单手扶头。<br>2. 小跑至门卫室传递放行条。<br>3. 目送客户时间不少于10秒钟。<br>4. 若客户无意马上离开，请不要打搅客户，及时离开。<br>5. 目光专注，望着客户离开的方向，右手五指并拢，在右耳旁前，手臂成弧形，微微挥手并做立正站姿。 |

5. 整理资料。

检查、整理本次维修档案,并将全部单据存档。

# 实 训 指 导

## 实训项目1 验车结算环节演练

一、情景说明

1. 车辆在交车区,客户已在客户休息区。
2. 车辆进厂作行李舱盖、后保险杠钣喷及更换行李舱锁,自费修复。
3. 移车人员将清洗完的车辆移至交车区。
4. 客户不带走旧件。

二、演练内容

验车结算流程。

三、演员

服务顾问、移车人员、结算员、客户。

四、道具

快速服务单、作业卡、结算单、车辆、CS三件套、旧件(行李舱锁)、作业管理系统看板。

五、实训过程及要点

1. 实训过程。

1)分组:每组6~10人。

2)角色分配:每组由三人扮演服务顾问、财务人员和客户,其他人做评委。

3)设定车辆状态。

4)迎接客户,进行维修内容和费用解释及开具发票。

5)点评:学生评委点评,教师讲评,并给出标准话术做参考。

2. 实训要点。

1)可以通过抽签的方式决定角色分配。

2)掌握接待的礼仪及动作要领。

3) 态度热情、礼貌,传达出诚恳及乐于协助的信息。

4) 理解和尊重,仔细倾听客户的要求,不随意打断客户的讲话。

5) 说得清,讲事实,讲利益。

6) 结算交车过程控制在 15 分钟之内。

7) 掌握话术,以维修建议和提示维系客户。

8) 学会处理价格异议。

9) 检查满意度。

## 实训项目 2  车辆交付演练

### 一、情景说明

1. 车辆已完成清洗、验车。

2. 客户已完成结算。

3. 移车人员将清洗完的车辆移至交车区。

4. 客户不带走旧件。

### 二、演练内容

车辆交付及送客。

### 三、演员

服务顾问、客户。

### 四、道具

车辆、CS 三件套、旧件、车钥匙。

### 五、实训过程及要点

1. 实训过程。

1) 分组:每组 6~10 人。

2) 角色分配:每组由两人分别扮演服务顾问、客户,其他人做评委。

3) 设定车辆状态。

4) 迎接客户,进行维修内容和费用解释及开具发票。

5) 点评:学生评委点评,教师讲评,并给出标准话术做参考。

2. 实训要点。

1) 可以通过抽签的方式决定角色分配。

2）掌握送客的礼仪及动作要领。

3）态度热情、礼貌，传达出诚恳及乐于协助的信息。

4）避免常见的一些不恰当行为、话语。

5）维系客户。

## 练　　习

一、问答

1．交车时的验车要点有哪些？

2．送客时应该注意什么？

3．在送客时怎样提醒客户下次来店？

二、话术练习

1．在结算时，客户抱怨说："怎么这么贵？"此时服务顾问应该怎样回应？

2．车辆保养结束之后，服务顾问向客户展示换完的机油桶，客户发现桶里还有少量机油，于是询问服务顾问。服务顾问应该怎样回答？

3．客户问："怎么4S店洗车不如我家附近的洗车行洗得干净，是不是没有好好洗啊？"服务顾问应该怎样回答？

4．在交车时，服务顾问要提示客户留意车辆状况以及下次维修时要做的项目，应该怎样跟客户说？

5．在结算时，客户发现结算费用比预估费用略高，于是询问服务顾问。服务顾问应该怎样回答？

三、综合题

1．制作一张保养提示卡。

2．制作一个信封模板，用于给客户装结算单和发票等资料。

单元七 电话回访

# 单元七
## 电话回访

**学习目标**

1. 能够完成电话回访,完善客户资料;
2. 掌握电话回访的话术和技巧。

客户回访是4S店客户服务的一项重要工作。做好客户回访是提高4S店客户满意度的重要方法。通过对客户的回访,能从中了解到本店产品和服务的不足之处,及时收集客户的反馈意见和建议,便于改善本店的经营管理。此外,通过与客户进行比较多的互动和沟通,也可以完善4S店的客户数据库,完成4S店信息反馈的功能,促进企业的发展,提高企业竞争力。

客户回访是指通过电话以及各种途径对售后产品、客户投诉、客户满意度进行回访和处理。其中电话回访是最有效的回访方式,也是目前各汽车企业考核4S店的一项重要指标。目前,4S店主要有三日或七日回访、三十日回访、流失客户回访等几种回访方式。

电话回访有以下几点好处:首先可以再次感谢客户的惠顾,解释本次维修/保养服务存在的任何不明之处,也让客户感觉得到了4S店的重视,帮助4S店得到忠诚的客户并可提升企业形象;其次可以了解到客户维修保养后的车辆使用情况以及本店是否以客户为出发点完成了工作,通过与客户交谈可以找出可能的缺陷和不足不处,迅速采取补救措施,防止不满意的客户传播他们的愤怒和不满,甚至以后不再光临;再次收集客户对4S店服务的评价,帮助本店提升服务质量。

作为客户回访人员,首先要懂得如何与客户沟通。在与客户的沟通互动中,回访专员的话语应该给客户一种贴心、受重视的感觉。回访专员还要注意说话的方式,做好回访不但可以给客户贴心的服务,还可以带来下一次的业务,因为好的售后服务能产生好的口碑,自然就能带来新的客户。

能够做好回访,不仅能提高客户的满意度,还能提高我们的业务量。回访客户的过程中,回访专员要去了解客户的不满意以及对4S店的建议,确定与客户下次回访的时间。定期的回访,能增强客户对产品的信心。把握好客户回访的时机,帮助客户解决问题,能有效地改进4S店的企业形象以及加强客户的关系(图7-1)。

图7-1 客户对于回访的期望

## 任务一 七日电话回访

【情景1】 刘先生于3月5日在某4S店做车辆保养,取车的时候发现车内被翻得一塌糊涂,杂物箱、扶手箱等都被翻了个遍,经检查油卡、购物卡都在,只是被拿走了一包中华香烟。刘先生向服务主管反映了情况,查看监控也没有结果,刘先生有些不开心地离开了4S店。几天后,刘先生接到了4S店的回访电话,请刘先生为本次保养打分,刘先生在服务满意度方面只打了6分(满分10分)。

【情景2】 梁先生在为车辆做保养时问4S店所用的润滑油品牌,为什么要比其他店贵了很多。工作人员只是简单地回答说是本品牌专用的润滑油,就没有更多的解释了。梁先生对这个答复有些不满意,所以回访的时候把这个情况说了一下,在服务满意度方面没有给满分10分。之后梁先生又担心这次会影响自己以后的保养质量。

## 单元七 电话回访

**【情景3】** 车主蔡先生接到了汽车厂家打来的回访电话(图7-2),是关于蔡先生一个月前去某4S店为车辆做保养的。电话中,回访专员向蔡先生询问了该4S店的服务问题,并请蔡先生为该4S店打分。蔡先生认为该4S店的服务确实还不错,所以都打了10分。之后该4S店通知蔡先生为了感谢他接受了厂家电话回访,专门为他准备礼品一份,请蔡先生有空前来领取。几天后蔡先生到该4S店领取了礼品:一桶机油。对此蔡先生很满意,还跟车友会的车友们分享了他的经历。

图7-2 第三方调查

## 一、任务描述

**【七日回访】** 王先生于一周以前在本店做过保养,为了了解王先生现在的车辆状况和对本店服务的满意程度,请通过电话方式(图7-3)对王先生进行回访,了解王先生的意见。

图7-3 拨打回访电话

## 学习准备

1. 知识准备。

1) 回访中,客服人员需要对哪些方面向客户提问?

___

2) 要做好回访工作,客服人员需要了解哪些知识?

___

3) 客服人员还需要了解客户的哪些资料?

___

2. 话术准备。

1) 客户可能在哪些方面有意见?

___

2) 如何应对客户提出的问题?

___

3. 工具资料准备。

维修档案、客户问题反馈日报表。

## 单元七 电话回访

### 三、实训流程图（图7-4）

图7-4 七日回访流程图

### 四、实训步骤

1. 回访准备。

进入店内客户管理系统，整理七日内来店维修或保养的客户资料，完善客户资料库，了解客户回访记录和回访时间等信息，准备好常用资料。

2. 客户筛选。

根据客户资料，按照回访周期，选择接受回访的对象；根据维修工单的内容，对客户进行回访。

拨打回访电话是用座机还是用手机比较好？怎样选择回访对象？

3. 拨打回访电话。

首先拨打客户留下的联系电话，询问接听者是否为车主本人；如果对方是车主本人，继续询问车主是否方便接听电话；然后进行自我介绍，说明本次回访的目的；接下来询问客户对本次服务的意见，确认后记录下客户的意见或建议。最后对客户表达谢意，结束通话。

4. 投诉处理。

将回访电话的客户意见进行整理，填写在《跟踪回访表》（表7-1）中，生成投诉处理表，进入投诉处理流程。

5. 统计分析。

对每周/月的回访信息进行分析，针对存在的问题进行改进。

| 回访话术 | 问题 |
| --- | --- |
| 客服：您好，我是××4S店的客服专员小林。请问您是粤A××××的车主王先生吗？<br>王先生：是的，你请讲。<br>小林：感谢您对我们工作的支持。您××月××日在本店为爱车进行了保养，我想对这次保养做个回访。请问您现在方便接电话吗？<br>王先生：方便。<br>小林：谢谢，耽误您两分钟时间！请问您来我们店有预约吗？您对我们的预约服务是非常满意/满意/一般，还是不满意？<br>王先生：非常满意。<br>小林：在保养工作开始之前，接待人员对即将展开工作的解释您觉得是非常满意/满意/一般，还 | 1. 客户接到电话后说不方便接电话，客服人员应该怎样回应？ |

## 单元七 电话回访

是不满意呢?

王先生:满意。

小林:接待员有没有积极倾听您的要求并进行解答?您对接待员的服务是非常满意/满意/一般,还是不满意?

王先生:满意。

小林:我们服务站有没有正确地完成这次保养工作?您对本次保养服务是非常满意/满意/一般,还是不满意?

王先生:满意。

小林:交车时车子的干净整洁程度您是非常满意/满意/一般,还是不满意呢?

王先生:满意。

小林:保养过后我们的接待人员有没有就您的结算清单主动为您详细地解释呢?您对接待员对结算清单的解释是非常满意/满意/一般,还是不满意呢?

王先生:满意

小林:您对接车时等待的时间和交车时等待的时间是非常满意/满意/一般,还是不满意?

王先生:满意。

小林:请问您对接待您的服务顾问的友好程度和专业知识是非常满意/满意/一般,还是不满意?

王先生:满意。

小林:您对我们服务站的服务工作有没有什么其他意见和要求呢?

王先生:没有。

小林:非常感谢您的配合,日后您可能会接到我们厂家委托的第三方调查,如果您觉得我们的服务还不错,那就请您帮我们说"非常满意",再次感谢您。有问题的话,欢迎您随时拨打我们的服务电话,再见!

2.如果客户留下的电话显示是空号,应该怎样处理?

3.怎样评价预约服务的满意度?有哪些要点?

4.针对维修/保养过程的每个环节,还可以提出哪些问题?

5.如果客户有意见,应用什么话术应对?

表 7-1 汽车维修电话跟踪回访表

××汽车 4S 店

| 序号 | 车主 | 车牌号 | 里程数 | 车型 | 联系电话 | 回访日期 | 修后车辆使用情况 | 接待维修满意情况 ||||||| 备注（客户建议、批评或表扬（休息室条件是否满意）） | 处理情况 ||
|---|---|---|---|---|---|---|---|---|---|---|---|---|---|---|---|---|
| | | | | | | | | 维修质量 | 维修速度 | 服务态度 | 工时价格 | 配件价格 | 配件质量 | 不满意原因 | | 客服回答 | 是否返工 | 最后结果 |

填表人：

单元七 电话回访

## 任务二 流失客户电话回访

**【情景1】** L先生在某4S店买车后一直在该店做维修保养,但是最近半年多L先生一直没有来店。L先生最近的一次来店保养过程也很正常,没有发生任何不愉快,不知道是什么原因导致他没有再来店。

**【情景2】** Z先生的车辆半年前免费保养期结束,之后Z先生就再也没有来4S店做过保养。为了了解Z先生不再来店的原因,客服人员致电Z先生了解详情。

### 一 任务描述

**【半年流失客户回访】** 林先生以前一直在某4S店做维修保养,但是最近半年多的时间一直没有来店。为了了解林先生没有来店的原因,客服人员趁着店内有免费检测活动的机会,致电林先生,了解他最近没有来店的原因(图7-5),并邀请林先生参加免费检测活动。

图7-5 客户选择其他4S店的原因

### 二 学习准备

1. 知识准备。

客户流失的原因可能有哪些?

2. 心理准备。

1）为什么要对流失客户进行回访？

2）回访中需要对哪些方面进行提问？

3）我们还需要了解客户的哪些资料？

3. 话术准备。

1）客户可能在哪些方面有意见？

2）如何应对客户提出的问题？

4. 工具准备。

维修档案、客户问题反馈日报表。

## 三 实训流程图（图7-6）

图7-6　回访流失客户流程

## 四 实训步骤

1. 整理档案。

进入店内客户管理系统,整理超过半年未来店维修或保养的客户资料,了解客户回访记录和回访时间等信息,准备好常用资料。

2. 筛选客户。

根据客户资料,按照回访周期,选择有潜在可能性流失的客户,了解客户最后回厂项目,准备进行电话回访。

分析调研对象信息(如年龄、性别、住址、总回厂次数、总消费金额、最后回厂项目等)。

3. 拨打回访电话。

首先拨打客户留下的联系电话,询问接听者是否为车主本人;如果是车主本人,继续询问车主是否方便接听电话;然后进行自我介绍,说明本次回访的目的;接下来询问客户最近没有来店的原因和对本店的意见,确认后做好记录。最后对客户表达谢意,结束通话。

4. 分析客户流失原因。

将回访时记录的客户意见进行整理,生成流失客户分析表,进入分析阶段。

5. 制订与实施整改方案。

对客户流失的原因进行分析,针对存在的问题制订改进措施,并采取措施争取流失客户回厂。

| 回 访 话 术 | 问　　题 |
|---|---|
| 小林:您好!我是××4S店的客服专员小林,请问您是李先生吗?耽误您一点时间,今天打电话给您是想了解您车辆的使用情况,可以吗?<br><br>李先生:可以。<br><br>小林:感谢您对我们工作的支持。李先生,您曾于××年××月××日在本店为您的爱车进行保养,现在的车辆状况怎么样? | 1. 客户接到电话后说正在开会,客服人员应该怎样说? |

李先生：很好。

小林：您的爱车现在行驶里程有多少了？最近是否做过保养了呢？

李先生：去其他地方做过保养了。

小林：李先生，我能否了解一下您选择的保养地点和不来我店做保养的原因？

李先生：我就在家附近做的保养，你们那里太贵了！

小林：是这样的，李先生，我们4S店的收费是按厂家标准来收的，不会乱收费。我们的价格跟外面的维修厂价格相比可能会贵一点儿，但是我们是有保障的，而且所有员工都是专业技术人员，会让人比较放心。要不您看这样，你下次过来做维修保养我给你申请工时费打个折扣吧，平时都是要提前预约而且要准时到店才能享受的。

李先生：好吧，我需要时会过去的。

小林：好的，李先生。针对目前的梅雨天气，我店现在有一个回馈老客户的空调系统免费杀菌活动，为期一个月，客户来店还可以赠送礼品一份，欢迎您前来参加。

李先生：我知道了。

小林：李先生，非常感谢您接受我的回访，如果您的车辆有什么问题，可以随时拨打我们的服务热线××××××××。祝您用车愉快！再见！

李先生：再见！

2.客户说自己换车了，客服人员应该怎样应答？

3.客户反映如下原因，客服人员应该怎样应答？

1）距离4S店太远；

2）服务态度差；

3）维修质量差；

4）里程数还不够。

4.还有哪些可以吸引客户再来店的方案？

# 实 训 指 导

## 实训项目1 七日回访

### 一、实训准备

1. 回访的主要目的是什么?

_____

_____

_____

2. 回访前需要做哪些准备?

_____

_____

_____

_____

### 二、实训过程

1. 情景说明。

1)客服人员根据系统信息对维修保养出厂的客户进行回访。

2)客户名:张先生;车牌号:粤 A ×××××。

3)回访类型:七日回访。

2. 演练内容。

对维修保养出厂七日的客户进行回访,了解客户满意度,请客户为本次服务评分,了解客户意见。

3. 参与角色。

客服人员、服务顾问、客户。

4. 道具。

电脑、电话、笔和回访表。

5. 实训要点。

## 单元七 电话回访

1)分组:每组6~10人。

2)角色分配:组员分别扮演客服人员、服务顾问、客户。

3)点评:学生评委点评,教师讲评,并总结出标准话术做参考。

## 实训项目2 半年流失客户回访

### 一、实训准备

1.需要准备哪些工具?

_____

_____

_____

2.还需要做哪些准备?

_____

_____

_____

_____

### 二、实训过程

1.情景说明。

1)客服人员根据系统信息对流失客户进行回访。

2)客户名:张先生;车牌号:粤A×××××。

3)店内活动:夏季免费空调养护。

2.演练内容。

对半年流失客户进行回访,了解流失原因,争取挽回客户。

3.参与角色。

客服人员、服务顾问、市场部人员。

4.道具。

电脑、电话、笔和回访表。

5.实训要点。

1)分组:每组6~10人。

2)角色分配:组员分别扮演客服人员、服务顾问、市场部人员、客户。

3)点评:学生评委点评,教师讲评,并总结出标准话术做参考。

## 练　　习

一、问答

1. 客户回访的岗位职责是什么？该岗位要求从业者具有什么样的素质？

2. 客户对于4S店的回访工作有什么期待？

3. 除了电话回访外,还可以通过哪些方式对客户进行回访？

二、综合题

1. 请制作一个维修质量回访短信模板。

2. 请完成一个挽回流失客户的活动方案。

单元八　处理抱怨和投诉

# 单元八　处理抱怨和投诉

**学习目标**

1. 争取认识客户抱怨和投诉；
2. 掌握处理抱怨和投诉的原则和方法；
3. 能够处理客户简单的抱怨和投诉。

汽车维修保养过程中，4S店为客户同时提供技术服务和人员服务，让所有客户都满意是很难的，客户的抱怨和投诉于是在所难免。关键是看4S店怎样处理客户的抱怨和投诉，能否给客户一个满意的答复。处理好抱怨和投诉可以有效地提升客户的满意度，提升企业形象。

客户的抱怨和投诉不一定是代表不满，有时也是对企业的一种提醒。通过客户的抱怨和投诉，可以了解到客户的意见，知道哪些地方还有不足，从而不断改进，提高企业的竞争力。客户不抱怨、不投诉，也不一定代表客户对企业非常满意，有些客户会把自己的意见和朋友分享，从而使企业失去更多的客户。

所以，4S店要积极向客户征询意见，了解客户的抱怨和投诉（图8-1），积极处理，不断改进，从而赢得客户的满意度和忠诚度，提升企业形象。

图8-1 客户对处理抱怨和投诉的期望

## 任务一 处理客户抱怨

【情景1】 陈先生一周前停车时不小心撞到了一根突出的钢筋,导致后保险杠被戳出一个洞。陈先生去某4S店做维修,在估价时,服务顾问说维修保险杠大概需要1 200元钱,更换保险杠大概需要1 800元钱,因为需要重新喷漆并等漆完全干,需要把车停在店里两天。陈先生觉得自己的车辆保险杠也没有什么大问题,就是一个小洞,怎么维修需要这么多钱?服务顾问说:"陈先生,我们也没办法,这是厂方的统一定价。"陈先生只有接受这个价格,但是心里还是觉得很贵!

【情景2】 赵先生来4S店为爱车做5 000km周期保养。保养结束交车时,服务顾问给赵先生展示了旧件,其中有刚换完的机油桶。赵先生拿起机油桶看了一下,发现机油桶里还剩余一些机油(图8-2),就问服务顾问怎么没换完。服务顾问说:"一次只能加这么多了,已经到了机油尺的上限,剩下的您可以带走。"赵先生抱怨说:"既然只能加这么多,为什么机油不做得容量刚刚好,剩下这一点点带回去也没有用了,这不是浪费我的钱吗?"服务顾问耐心地向赵先生做了解释。

图8-2 换机油

单元八　处理抱怨和投诉

## 一、任务描述

【应对客户抱怨】　客户张先生来4S店给自己的爱车做保养,在结算时张先生向服务顾问小李抱怨说:"保养不就是换机油嘛,怎么每次都那么贵,还要求我们要定期做保养,真是会赚钱。下次我也不来这里做保养了。现在很多朋友都自己买机油DIY了,我也可以去家附近的快修店做保养,又便宜又方便。"作为服务顾问,应该怎样处理张先生的抱怨呢?

## 二、学习准备

1. 知识准备。

1)令客户不满意,从而引发抱怨的原因有哪些?

_____
_____
_____

2)客户不满意对企业有什么坏处?

_____
_____
_____

3)客户满意度高对企业有什么好处?

_____
_____
_____

2. 话术准备。

1)遇到客户抱怨时,应该用怎样的心态去处理抱怨?

2) 客户在抱怨时,希望听到哪些答复?
_____
_____
_____

3) 客户在抱怨时,不希望听到哪些话?
_____
_____
_____

3. 遇到情绪非常激动甚至辱骂自己的客户,应该怎样应对?
_____
_____
_____
_____

4. 工具表单准备。
客户抱怨记录表等。

## 三 实训流程图(图8-3)

## 四 实训步骤

1. 抱怨客户接待。

1) 面对抱怨客户,要做到微笑、热情面对,不要不冷不热地对待客户,要让客户感觉到你是关心他、理解他的

图8-3 处理客户抱怨流程图

遭遇的。

2)保持冷静,控制自己的情绪,不受客户影响。在客户的眼中,接待人员不是代表个人,而是代表公司。即使客户的情绪再激动,接待人员也要克制自己,保持冷静,不要与客户冲突。

客户抱怨时,会是什么心情?

2. 了解客户抱怨产生的原因。

通过与客户的交流,了解客户产生抱怨的原因。在交流过程中要注意不要辩解、不要推卸责任、不要打断客户的陈述,让客户发泄不满后再向他解释问题所在,同时记录客户抱怨的问题。

3. 对客户抱怨的问题做出应对。

1)对客户表示理解。如果接待人员能将心比心地体谅客户的感受,感谢客户的坦诚沟通,关注客户内心感受,可以让客户感觉到自己的重要性。当客户知道你明白他的感受时,他会更乐意与你合作,更容易解决问题。

在了解客户为什么抱怨时,应该注意哪些技巧?

2)表示歉意。接待人员要体谅客户的感受,并代表公司向客户道歉。

4. 客户抱怨处理。

客户抱怨的核心还是希望能解决问题,所以这也是唯一能让客户满意的途径。

1) 对客户提出的问题进行解释,给客户提供满意的答复;

2) 征询客户意见,寻找令双方满意的解决之道;

3) 先安抚客户,并请主管或有关部门出面解决。

 思考

在解决冲动暴躁型的客户抱怨时,应该采取什么方法?

5. 客户抱怨跟踪与预防。

为了减少抱怨的再次产生,需要总结客户抱怨的内容,调查问题发生的原因,准备好应对话术,以便给出让客户满意的解释,并对抱怨客户及时进行跟踪服务,提升客户满意程度,培养忠诚客户。

| 话 术 | 问 题 |
|---|---|
| 张先生:就是换换机油、机油滤清器,费用怎么这么高?你们的保养费用太高了,比外面修理厂高很多!<br><br>小李:我们4S店为客户车辆保养提供专业的技术人员、配套的设备、原厂备件,是优质安全的保证。费用也是在厂家指导下制定的,更换机油、机油滤清器只是我们保养的一部分,我们还为您提供了其他检测项目,包括检查灯光、检查制动系统、检查轮胎等。这些全方位的、细致的检测能使您用车安全、放心。<br><br>张先生:那也太贵了,我有朋友现在都买材料回来自己做保养了。 | 客户抱怨等候配件的时间较长,没有车用。这时服务顾问可以提供什么建议? |

单元八　处理抱怨和投诉

小李：我们的技术人员专业程度较高，我建议保养还是要在4S店做，毕竟这关系到您的安全。虽然您感觉有些贵，但是我们给您提供的优质服务会让您更安心，我们会给您一个放心的承诺。

## 任务二　处理客户投诉

【情景1】　刘先生想在夏季来临之前到4S店给自己的爱车做空调系统清洗。几天前服务顾问小郑联系过刘先生，建议他做空调系统清洗，并在电话里说费用只要50块钱，所以刘先生到店之后找了小郑，但是小郑说空调系统清洗要100块钱。刘先生说明明记得之前电话里说只要50块，为什么现在要坐地起价，明显是骗人的。两人越说越激动，争吵了起来，刘先生言语之中也说了粗话，小郑也急了说以后再也不要来我们店了，再来也不接待。刘先生很生气，最后拨打了总经理的电话投诉小郑，要求小郑正式道歉，并要求4S店免费做空调系统清洗当作赔偿。

【情景2】　林小姐在某4S店买了一台新车，但是买回去不久就发现空调系统有问题，在怠速时出现了不制冷的现象，并且反复出现。于是林小姐将爱车开回4S店做保修，但是经过清洗管路、更换压缩机等反复几次维修后仍然不能解决故障，而且由于是保修，每次在厂维修时间都很长，并且服务态度也让林小姐不太满意。最后林小姐选择了拨打厂家的售后服务电话，投诉该4S店（图8-4），并要求厂家解决自己爱车的问题。

图8-4　抱怨与投诉

## 一 任务描述

**【处理客户投诉】** 一位女客户在离开4S店后大概10分钟打电话给4S店,客服小张接听了这位女士的电话。在电话里,女客户非常激动地说要投诉,小张安慰客户说别着急,慢慢说。女客户反映说在刚才维修结束之后,4S店没有认真清洗车辆,只是清洗了车外,但是车内完全没有清洗。小张询问这位女士的资料,这位女士没有回答,依然非常气愤地描述车辆的状况,并且表示自己正在开车,如果不是有急事的话一定要把车开回4S店给客服和服务顾问看,以确认自己没有说谎,并且生气地说如果你们不能给我一个满意的答复,我就要投诉你们店,并且以后都不会再来这家店了。

如果你是小张,你准备如何安抚这位客户,并对客户反映的问题做出回应。

## 二 学习准备

1. 知识准备。

1)抱怨和投诉有什么区别?

_____

_____

_____

2)客户可能通过哪些渠道和方式进行投诉?

_____

_____

_____

3)客户投诉的内容可能涉及哪些方面?

_____

_____

## 单元八　处理抱怨和投诉

2. 话术准备。

1）遇到客户骂自己时,应该用怎样的心态去处理?

_____
_____
_____

2）客户在投诉时,希望听到哪些答复?

_____
_____
_____

3）客户在投诉时,不希望听到哪些答复?

_____
_____
_____

4）在遇到自己解答不了的客户投诉时,应该怎样跟客户说?

_____
_____
_____

3. 工具表单准备。

客户抱怨记录表等。

## 三　实训流程图(图8-5)

图8-5　处理客户投诉流程图

## 四　实训步骤

1. 接待投诉客户。

在接待投诉客户时，倾听是最重要的。我们需要认真地倾听客户反映遇到的问题，不要轻易打断客户的陈述，理解客户的心情，争取站在客户的角度去了解出现的问题。

客户投诉时，会是什么心情？这时客户希望接待人员扮演什么角色？

2. 缓和客户态度。

客户在投诉时，希望得到接待人员的认同，而不是否定。所以接待人员要对客户所反映的问题表示认同，设法平息客户的情绪，保证双方能心平气和地交流。

3. 找出问题的根源。

客户在投诉时，初衷是希望问题能够得到解决，因此要从客户的投诉中找到客户的核心期望，通过提问了解问题发生的根本原因。

4. 提出解决方案。

根据客户的期望和企业的能力，为客户提供解决方案，争取一次性解决问题。

如果客户提出的条件远远超出预期，应该怎样跟客户解释？

5. 客户投诉的跟踪与预防。

在问题解决之后对客户进行跟踪服务，了解问题的解决情况，给予客户关爱，有利于提升客户满意度。同时为了避免再次发生投诉现象，需要总结客户投诉的内容，调查问题发生的原因，做好应对话术和解决措施，以便给出让客户满意的解释，尽量减少投诉现象的发生。

## 单元八　处理抱怨和投诉

| 话　　术 | 问　　题 |
|---|---|
| 客服小张：您好，这里是××4S店，请问有什么可以帮您？<br><br>客户林小姐：我刚才在你们店里做保养，车子没有洗干净！只有外面洗了，里面根本就没有洗！<br><br>小张：是刚刚做完保养吗？虽然我们是免费洗车，但是一般也不会出现洗不干净的情况，小姐您能不能报一下您的车牌号，我帮您查一下。<br><br>林小姐：免费也不能这样洗啊，根本就没给我洗干净，还不如外面的快修店呢。我现在正在开车，有急事要去办，要不我一定回去让你们看看，车内完全没有清理。<br><br>小张：请您别着急，您看能不能把车牌号码报给我，我给您查一下，等一下回复您，也避免您在开车的时候分心，好吗？您放心我们一定会给您一个满意的答复的。<br><br>林小姐：好吧，我的车牌号是粤A×××××，我等你的答复。<br><br>小张：好的，我会帮您查一下，一定会给您一个满意的答复。祝您用车愉快！ | 如果遇到的投诉是因为顾客自身的原因造成的，应该怎样处理？ |

# 实　训　指　导

## 实训项目1　处理客户抱怨过程演练

### 一、实训准备

1. 在接待抱怨客户之前，应该怎样调整自己的心态？

2. 需要做哪些话术准备?

二、实训过程

1. 情景说明。

1) 客户名:张先生;车牌号:粤 A×××××。

2) 客户抱怨内容:配件价格高,工时费高。

2. 演练内容。

对客户张先生的抱怨内容进行解答。

3. 参与角色。

服务顾问、客户。

4. 实训要点。

1) 分组:每组 6~10 人。

2) 角色分配:一人扮演客户,一人扮演服务顾问,其他人作为评估员。

3) 要点:

①服务顾问的语言运用(包含肢体语言);

②处理抱怨流程;

③客户能否接受服务顾问的答复。

4) 点评。学生评委点评,教师讲评,并总结出标准话术做参考。

## 实训项目 2　处理客户投诉过程演练

一、实训准备

1. 在接待投诉客户之前,应该怎样调整自己的心态?

单元八　处理抱怨和投诉

2. 需要做哪些话术准备?

二、实训过程

1. 情景说明。

1)客户名:张先生;车牌号:粤A×××××。

2)客户抱怨内容:配件价格高,工时费高。

2. 演练内容。

对客户张先生的抱怨内容进行解答。

3. 参与角色。

服务顾问、客户。

4. 实训要点。

1)分组:每组6~10人。

2)角色分配:一人扮演客户,一人扮演服务顾问,其他人作为评估员。

3)要点:

①服务顾问的语言运用(包含肢体语言);

②处理抱怨流程;

③客户能否接受服务顾问的答复。

4)点评:学生评委点评,教师讲评,并总结出标准话术做参考。

# 练　　习

一、问答

1. 客户投诉对4S店有什么价值?

2. 处理客户抱怨的基本原则是什么?

3. 抱怨和投诉会给4S店带来哪些不良影响？

4. 如果遇到以下几种类型的抱怨客户，应该怎样处理？

1）情绪激动型；

2）打抱不平型；

3）固执己见型；

4）有备而来型；

5）背景强大型。

二、话术练习

1. 客户抱怨同一个问题总是间歇性出现，反复维修都没有修好。

2. 因技术原因导致维修时间延误。

3. 客户抱怨为什么不能进入车间观看对自己爱车维修保养的过程。

4. 客户抱怨自己的新车油耗远远高于标示值。

三、案例分析

1. 何先生的爱车半个月前发生了交通事故，需要更换部分配件，但是由于其中有一种配件刚好店内缺货，需要进口，进口周期为15~20个工作日，因此何先生的爱车始终停在店内等候配件。15天后，何先生开始催促4S店快点修好，但是又过了一周配件还是没有到货，最后何先生终于忍不住向接待他的服务顾问抱怨："我订的配件什么时候才能到货？我已经三个星期没有车开了，工作生活很不方便。"作为服务顾问，应该怎样处理何先生的抱怨呢？

2. 一位陌生客户来到经销店，该客户的爱车是三个月前购入的，目前行驶了4 500km，而且之前因为其他故障来过服务店三次。本次客户反映车辆使用过程中空调不制冷，此时客户非常生气，要求你给予解决。但是经过车间的检查发现只是自动空调无意中被关闭了……前三次分别投诉的问题如下：

第一次故障：空调不制冷，制冷剂不足。

第二次故障：修理车窗漏水，现在问题已经解决。

第三次故障：报修车辆费油，经检查一切正常。

对待这样的客户，应该怎样处理？

# 参 考 文 献

[1] 刘建伟,郭玲. 服务礼仪[M]. 北京:人民交通出版社,2011.

[2] 贾逯钧,莫远. 如何做好汽车维修业务接待[M]. 2版. 北京:机械工业出版社,2008.

[3] 何本琼,周松兵. 汽车售后服务技术[M]. 北京:人民交通出版社,2012.

[4] 李景芝,刘有星. 汽车维修服务接待[M]. 北京:人民交通出版社,2010.

[5] 潘雪梅,王立职. 前厅服务与管理[M]. 北京:中国铁道出版社,2011.

[6] 王彦峰. 汽车维修服务接待[M]. 北京:人民交通出版社,2012.

[7] 曾鑫. 汽车维修业务接待[M]. 北京:机械工业出版社,2013.

[8] 段钟礼,张摺挑. 汽车服务接待实用教程[M]. 北京:机械工业出版社,2010.